O CÓDIGO T

A fórmula da transformação

Copyright© 2018 by Literare Books International
Todos os direitos desta edição são reservados à Literare Books International.

Presidente:
Mauricio Sita

Capa:
Felipe Doutel

Diagramação e projeto gráfico:
Lucas Chagas

Revisão:
Camila Oliveira

Revisão artística:
Edilson Menezes

Diretora de projetos:
Gleide Santos

Diretora de operações:
Alessandra Ksenhuck

Diretora executiva:
Julyana Rosa

Relacionamento com o cliente:
Claudia Pires

Impressão:
Epecê

Dados Internacionais de Catalogação na Publicação (CIP)
(eDOC BRASIL, Belo Horizonte/MG)

F124c	Fabri, Alexandra. O código T: a fórmula da transformação / Alexandra Fabri. – São Paulo (SP): Literare Books International, 2018. 168 p. : 14 x 21 cm

ISBN 978-85-9455-125-2

1. Autorrealização. 2. Autoconsciência. 3. Técnicas de autoajuda.
I. Título.

CDD 158.12

Elaborado por Maurício Amormino Júnior – CRB6/2422

Literare Books International
Rua Antônio Augusto Covello, 472 – Vila Mariana – São Paulo, SP
CEP 01550-060
Fone/fax: (0**11) 2659-0968
site: www.literarebooks.com.br
e-mail: literare@literarebooks.com.br

O CÓDIGO T

A fórmula da transformação

A fórmula da transformação

A minha mãe Terezinha (*in memorian*), que na medida exata de ser como foi, deu o suficiente para que eu chegasse até aqui. Amor e gratidão resumem a nossa relação que hoje transcende a materialidade de nosso ser.

A fórmula da transformação

Gratidão e muito amor...
A meu pai Waldomiro, com quem entendi a genuína demonstração do amor.

A meus irmãos Adriano, Liandro e Lisandra, que desde o início, acreditaram em mim, apostaram na força da obra e em minha jornada.

A meus filhos Ian e Isa, que sempre me enxergaram caminhando além do que eu mesma enxergava.

A Felipe, meu amor, companheiro e parceiro nas batalhas, conquistas, dores e alegrias, que me ajuda a percorrer e propagar o meu propósito de vida.

O CÓDIGOT

A Edilson Menezes e Silvia Patriani, pela paciência e carinho com que conduziram as orientações sobre esta obra.

Aos mestres que participaram, de algum modo, de minha "reforma" interna. Alguns ajudaram a construir um novo alicerce. Outros, as paredes. E alguns, a trocar uns tijolinhos. Todos foram essenciais para que hoje eu possa me orgulhar do que vejo e sinto, ao me deparar com a transformação que defendo na obra, ou seja, "a nova versão de mim": Luiz Henrique Cardoso ("Seu Luiz"), Dr. Décio Natrielli, Célia Gevartoski, Dr. Sebastião Vidigal, Zilá Soucheff, Dr. Rosana Oliveira, Lilian Pellizzon Ribeiro e Bento Augusto.

E, por fim, a você que confiou em mim, levou a obra para casa e agora se debruça sobre as soluções. Que a sua transformação seja profunda e definitiva, como foi a minha. Boa leitura!

A fórmula da transformação

PREFÁCIO

A autora lida com mentes vivas que possibilitam decifrar enigmas e códigos. Sua metodologia conduz cada personagem a se recriar, reinventar e transformar. A obra de Alexandra Fabri é, em suma, encantadora! Como resultado, temos um trabalho criativo e, ao mesmo tempo, a autora apresenta uma liberdade científica revolucionária, associando uma grande exemplificação clínica com uma precisa compreensão teórica e mostrando, a todo momento, como a intuição ajudou esses personagens que lidavam com a presença de aspectos biopsicosocioculturais da problemática.

O CÓDIGO T

O Código T revela a verdade que preexistia nos personagens antes mesmo de tomarem conhecimento dela. A autora nos põe em contato com o segredo indizível do nosso trabalho, salientando que a vida de cada pessoa merece ser reinventada. Traz, ainda, contribuições valiosas sobre a metodologia e suas ferramentas, transgredindo não só as normas estabelecidas, como também as suas fronteiras.

O leitor tem uma oportunidade formidável de vivenciar suas emoções com alto teor reconstrutivo e transformador. A interpretação de cada personagem diante de si e de seu trabalho, é um estado singular de autodestruição, autoconstrução e resolução, partindo do teatro de uma vida comprometida pelas circunstâncias, para uma existência real, consciente e feliz.

Cada personagem é um criador que deve reinventar o próprio mundo diante do problema infinito oferecido pelo grupo de trabalho (culpas, julgamentos, autoestima comprometida, conflitos, problemas) transformando a incompetência aprendida em competência transformadora, com alto grau de simbolização, altruísmo, dadivosidade, bom humor e alegria.

Tinha razão o filósofo Sócrates, ao dizer que "a verdade não está com os homens, mas entre os homens".

A fórmula da transformação

Em cada personagem, a sua realidade ou "verdade" não possui um estado físico, mas uma existência de criação que se transforma com o tempo, sob o formato de apoio emocional que O Código T prestou.

Os personagens são "itinerários" que existem dentro de nós e possibilitam a chance de recriar nossas vidas.

Por isso, o segredo indivisível do Código é se desvencilhar do peso da repetição de dogmas, regras e doutrinas institucionalizadas que criam culpa, comparação e julgamentos, além de obstruir o lado intuitivo de cada um. A fórmula da transformação é um decifrador de enigmas que possibilita criar e recriar constantemente o campo real. Sua abordagem possibilita ao leitor ver a multiplicidade de personagens que existem dentro de nós. Como diz Aristóteles "a memória é o escriba da alma".

O Código T nos traz uma contribuição especial nesse crucial impasse da espécie humana. A metodologia surge como um encontro que transforma e restaura. A autora traz a mensagem da maiêutica (parto das ideias) de Sócrates e o que é essencial ao século XXI:

Cada ser humano é um templo onde a vida se revela. Cada vida é um espaço no tempo onde se desenvolve a história humana. O modo de transmissão da herança cultural e espiritual deve favorecer a expressão e a liberdade do ser.

O CÓDIGO

A metodologia permite encontrar a unidade dentro da diversidade, por meio da abordagem multidisciplinar, surgindo como um novo código de interação subjetiva. A autora nos coloca diante de um contemporâneo modelo de sentir e pensar, onde o indivíduo se encontra no centro e o seu coração em todos os lugares, nos brindando com a imaginação criadora desses personagens, decifrando enigmas e códigos que libertam e transformam.

Dr. Décio Natrielli

Médico Psiquiatra, Psicanalista e Presidente da ABPC-
Associação Brasileira de Psicanálise Contemporânea

SUMÁRIO

O aquecimento da metodologia...........................17

"O Código T" e suas ferramentas.......................25

1º Passo: observar...29

Decifração observadora 1.....................................37

Decifração observadora 2.....................................41

Decifração observadora 3.....................................42

Decifração observadora 4.....................................45

Decifração observadora 5.....................................48

Decifração observadora 6.....................................50

Decifração observadora 7.....................................57

2° Passo: analisar......65

Decifração analítica 1......68

Decifração analítica 2......70

Decifração analítica 3......74

Decifração analítica 4......79

Decifração analítica 5......86

Decifração analítica 6......89

Decifração analítica 7......93

Decifração analítica 8......99

Decifração analítica 9......102

Decifração analítica 10......108

3° Passo: transformar......116

Decifração transformacional 1......119

Decifração transformacional 2......122

Decifração transformacional 3......127

Decifração transformacional 4......131

Decifração transformacional 5......135

Decifração transformacional 6......139

Decifração transformacional 7......146

Decifração transformacional 8......151

Decifração transformacional 9......155

A derradeira decifração do Código T......161

A fórmula da transformação

O aquecimento da metodologia

> Palavras destroem, palavras constroem...
> Desconheço ferramenta tão poderosa quanto a palavra.

A manhã daquela segunda-feira parecia auspiciosa e especial. Olga abriu a janela e precisou de alguns segundos para acostumar os olhos à claridade, pois o sol reinava absoluto no horizonte. Estava eufórica. A entrevista, agendada para a tarde daquele dia, representava um sonho. Na reta final do processo seletivo, depois das dinâmicas em grupo e das entrevistas com a área de Recursos Humanos, restava a última entrevista com os diretores de jornalismo.

Se tudo desse certo, faria parte do time de repórteres de uma das maiores emissoras de televisão do país. Sentia-se

O CÓDIGO

preparada. Além do doutorado, passara o último ano investindo em educação. Vivenciara um intercâmbio no Canadá e participara de diversos treinamentos ligados ao universo da informação. Ainda se lembrava das palavras do diretor da emissora, dias antes.

— Olga, venha bem preparada. Você será sabatinada por cinco diretores e um deles adora fazer "surpresas". De minha parte, já está contratada, mas precisa ser aprovada pelos demais!

Tenho tudo para conquistar a vaga. – refletiu, enquanto sentia a água morna do banho acalmar a pele e o estado de espírito. Exceto pelo compreensível nervosismo, estava disposta a dar o melhor de si na entrevista.

Assim que chegou, foi bem recebida pela secretária, mas precisou esperar por quase duas horas.

Dado o atraso, a segunda candidata chegou, se apresentou para a secretária e recebeu a mesma orientação de aguardar.

Como é bonita e alta. – refletiu Olga ao ver a outra candidata pela primeira vez.

A candidata passou por Olga e cochichou:

— Desista, baixinha. A vaga é minha!

Sem saber o que dizer, absolutamente surpresa pela deselegância, Olga se calou e ficou olhando. Quando

A fórmula da transformação

pensou em responder, os diretores chegaram juntos, apertaram sua mão e se desculparam pelo atraso.

— Coisas da televisão, Olga. Você vai se acostumar com isso – argumentou o diretor de imagem.

Antes de entrar na sala, de soslaio, Olga viu no semblante de sua concorrente um sorrisinho sarcástico e tentou, em vão, se concentrar.

A sala de reuniões destoava de todo cenário moderno e preservava o estilo intimidador do século XIX. Depois que se sentaram ao redor da mesa oval, Olga sentiu ruir, aos poucos, toda a confiança daquela manhã. O diretor do núcleo deu início ao teste.

— Olga, você está ao vivo e sua matéria é sobre a queda política de um ex-governador que agora foi preso, envolvido num escândalo. Como daria a notícia? Pode começar...

Olga olhou para cada um deles. Não esperava que a entrevista se desse daquela maneira.

— Eu, é, bem, estamos aqui, diretamente do Palácio do Governo e...

O diretor de efeitos especiais, aquele que gostava de "surpresas", sacou uma buzina de mão e a apertou com toda a força. Olga deu um pulo e perguntou:

— O que foi, devo parar?

O CÓDIGO

— Não. – respondeu ele – Acabei de simular um carro que buzinaria atrás de você e, em tese, não deveria assustar a repórter, tampouco fazer com que parasse. Continue, mas saiba que acaba de perder um grande ponto.

Olga obedeceu, porém com a confiança diminuta. Num vislumbre de imaginação, pensou como estaria satisfeita a sua concorrente, do lado de fora, e lembrou-se das palavras dela: desista, baixinha. A vaga é minha. Respirou fundo e continuou.

— Os advogados do governador se disseram indignados com essa prisão que, segundo eles, é um abuso de...

Antes que pudesse terminar o improviso, um grupo de figurantes entrou na sala, segurando faixas, gritando palavras de ordem: "ladrão, vai apodrecer na prisão". E, outra vez, Olga travou, assustada. Procurou recobrar a confiança e seguir.

— Como eu dizia antes da chegada dos manifestantes, os advogados...

O diretor-geral de jornalismo pediu que saíssem os figurantes e, de forma gentil, sentenciou.

— Olga, você teve duas chances e desperdiçou ambas. Bons repórteres precisam se acostumar a qualquer fator-surpresa e devem fingir que as pessoas ou sons alheios

A fórmula da transformação

ao conteúdo são invisíveis ou inaudíveis. O seu currículo é muito bom e talvez um dia você esteja pronta para assumir o nosso microfone. Esse dia ainda não é hoje. Obrigado por sua participação no processo seletivo!

Antes que pudesse pedir uma segunda chance, como se fosse um ensaio, os diretores se levantaram ao mesmo tempo e estenderam a mão para a despedida. Olga deixou a sala frustrada. Saíram todos juntos e, no corredor, encontrou outra vez a sua concorrente, que mantinha o mesmo sorrisinho irritantemente sádico.

Dominada por uma raiva nunca experimentada, Olga não teve dúvidas. Com a força que tinha na mão direita, abriu e desferiu um tapa tão forte que a moça perdeu o equilíbrio. Os diretores correram para amparar a candidata e pediram que a secretária chamasse os seguranças.

— Não precisa. Já estou saindo! – disse Olga, ainda com o sangue fervilhando.

O diretor-geral interveio.

— Não é assim que funciona, Olga. O que acaba de fazer é crime de lesão corporal e precisamos chamar a polícia.

Foi a vez de a candidata rival pedir a palavra.

— Senhores, eu sou profissional. O que essa moça desvairada acabou de fazer comigo qualquer pessoa poderia ter feito na rua e eu não perderia a matéria. Da mesma forma, vim aqui para uma entrevista e proponho que iniciemos já. Nem sei o que motivou a moça a fazer isso, mas não vamos perder tempo com polícia. O que acham?

Olga ficou ainda mais indignada. Olhava para a rival e para os diretores e disposta a desmascarar a concorrente desleal, gritou.

— Como assim você não sabe?

Foi a vez de o chefe de segurança assumir.

— Você vai arranjar ainda mais encrenca, mocinha. Desceu o tapa na outra e ainda quer ter razão? Sugiro que vá embora agora. Deveria agradecer à generosidade e à compreensão da moça que você agrediu, por não dar queixa.

O diretor-geral disse para os demais:

— Tenho certeza que podemos dispensar a entrevista. Já temos a nossa repórter. Vamos até a sala conversar sobre os detalhes do trabalho dela!

— Vamos lá, moça. – convidou o segurança, batendo com o dedo indicador no ombro de Olga.

Entorpecida pelos fatos, rumou para a saída, acompanhada pelo segurança, sob o olhar atento e desaprovador de toda a equipe que se reuniu para ver o que acontecia.

A fórmula da transformação

Sentia-se envergonhada, injustiçada, frustrada e nem se reconhecia, pois até aquele dia jamais tinha agredido qualquer pessoa. Chegando ao elevador, olhou para trás bem no momento em que os diretores e a candidata rival entravam na mesma sala de reuniões e lá estava, no semblante da concorrente, o sorrisinho irônico que agora parecia dizer: eu te avisei!

Quando chegou à rua, olhou para o sol e refletiu: Como um dia tão iluminado transformou-se em treva?

Mais tarde, em casa, o marido, animado, quis saber da sua *performance* na entrevista.

— Fiquei tensa, não soube lidar com as surpresas que os entrevistadores apresentaram, esbofeteei uma vaca e perdi a vaga para ela!

O marido sorriu e insistiu.

— Ah, tá bom. Amor, fale sério. Como foi?

Frustrada, Olga desconversou, para não precisar viver a cena toda de novo.

— Acho que não fui bem!

Semanas depois, Olga sintonizou o canal jornalístico e lá estava a concorrente do sorriso sarcástico, assumindo as matérias que poderiam ser dela.

O CÓDIGO T

Na noite anterior, Olga foi ao supermercado e parou o seu carro em uma vaga para deficientes. Nem mesmo viu quando chegou um rapaz que precisava da vaga e precisou andar por 50 metros com a sua muleta. Quando Olga passou pelo caixa, o funcionário lhe deu o troco errado. Ela percebeu, mas ficou quietinha e levou para casa a grana que não era sua.

Você ainda acha que a vaga deveria ser dela?

A sua concorrente na entrevista foi violentada pelo padrasto, durante boa parte da infância, e não adiantou se queixar, pois a mãe não acreditava. Apanhou durante toda a adolescência e agora que acabara de deixar a faculdade, desejava aquele emprego a qualquer preço, para deixar a casa do padrasto, responsável por toda violência que ela enfrentou.

Isso faz alguma diferença no juízo que você formou sobre o caráter da concorrente ou não muda nada?

E mais...

Você ainda acha que a vaga deveria ser dela?

Essa história não tem desfecho. Foi só um aquecimento para fazer o seu cérebro observar, analisar e transformar perspectivas.

A obra que está em suas mãos começou com uma provocação que alguns pensadores chamariam de atitude filosófica.

A fórmula da transformação

Não está mais certo ou mais errado quem acha isso ou aquilo. O objetivo é preparar você para lidar com histórias que, a partir daqui, serão reais, com pessoas que aprenderam, de verdade e na prática, a observar, analisar e transformar as limitações da própria vida. Em nome da congruência, eu serei uma dessas pessoas. Vou descortinar uma parte de minha vida, para que as limitações por mim vencidas sejam objetos de inspiração, assim como as limitações que os demais personagens conseguiram vencer.

Com relação à Olga e à sua concorrente à vaga, aqui nos despedimos delas, que já serviram para aguçar o nosso senso crítico, a nossa capacidade de observação, análise e transformação.

"O Código T" e suas ferramentas

Isso mesmo. A obra não terá capítulos, e sim decifrações que O Código T vai legar, capazes de mudar a minha vida e a sua.

Todos os dias, presencio pessoas que se deixam destruir, que se anulam e deixam de acreditar em si, porque, em algum momento, ouviram e assimilaram as palavras erradas. E por não terem encontrado quem lhes dissesse as palavras ou fizesse as perguntas

O CÓDIGO

certas, perdem suas vidas, perdem-se de si, até que o âmago, guardião da máxima capacidade, torna-se um lugar de profundezas inexploradas. O contrário também é verdadeiro. Já presenciei vidas que foram salvas, dores e doenças curadas, porque a palavra certa chegou no momento preciso ou a pergunta ideal abriu a cortina do conhecimento.

Palavras curam feridas internas, ajudam a nomear o sentimento que parecia não ter nome, têm o poder de transformar o mundo interno, para que possamos transcender, de forma divina, em nosso mundo externo.

Foi exatamente por acreditar nesse poder das palavras que hoje procuro nomear dores e alegrias, tropeços e vitórias. Assim, mostro que esse pode ser o primeiro passo para que a luz se instale dentro de nossos becos escuros, daqueles lugares intensos e internos que relutamos a enxergar.

Escrever sempre foi uma ação bastante terapêutica para mim. Todas as vezes que as emoções "borbulham" em meu peito, sinto a necessidade de transformar isso em algum texto, frase ou pensamento. Como isso ocorre com maior frequência do que eu gostaria, uma vez que sinto até os meus poros transpirarem essas emoções, escrever também passa a se tornar um hábito.

A fórmula da transformação

Para narrar como busquei e busco incessantemente as respostas sobre como transformar aquilo que de alguma forma atrapalha o desenvolvimento, enquanto pessoa e profissional; e considerando como essa busca pode fazer toda a diferença aos que se aventurarem na jornada, descreverei uma metodologia que além de aplicar em minha vida, já foi utilizada por centenas de pessoas que eu auxilio nesse árduo e lindo processo de transformação humana.

É assim, acredito, que conseguimos transmitir conhecimento. Não sou do tipo que gosta de vender com estratégias que rompam as objeções do cliente e isto ou aquilo. Sou do tipo que aprecia convencer e conquistar. O Código T, portanto, não é uma fórmula mágica e muito menos representa um bem guiado produto de *marketing*. Longe disso, é um sistema transformacional, uma metodologia, sob a ótica da psicanálise, que eu pratico e aprovo em mim, que os meus clientes experimentaram e aprovaram.

A começar já e durante todo o curso da obra, vou apresentar diversos aprendizados que permeiam O Código T. Não haverá regra para o surgimento. Sempre que uma reflexão evolutiva exigir, terá o seu conteúdo destacado, com o propósito de agregar valor e encurtar caminhos ao explorador mais importante de sua vida: você. Serão muitos e sugiro que preste especial atenção aos detalhes desses ensinamentos, pois cada palavra faz parte da proposta O Código T.

Aí vai o primeiro aprendizado:

"Não enxugue gelo. Descubra e verifique o sentimento, pois só assim mudará o comportamento."

Cada código é dedicado a você que procura eliminar comportamentos e sentimentos capazes de frear ou impedir a felicidade. Vamos lá; espero que aprenda e reflita muito (a reflexão também é parte de todo processo de aprendizado) e, sobretudo, que se encontre com as soluções. Ou seja, do mesmo jeito que O Código T mudou para melhor a minha vida e a vida dos meus clientes, espero que assim aconteça contigo!

A fórmula da transformação

Observar, analisar, transformar:
A trina estratégia do mergulho ao mar do autoconhecimento

1º Passo: observar

Um dos grandes problemas que nós, seres humanos, temos é que insatisfeitos com aquilo que somos ou estamos passando, olhamos para fora, em busca de justificativas e culpados. O movimento dá a falsa ilusão de que é mais fácil, menos dolorido, afinal a mudança, nesse caso, não dependeria de nós.

Considerando que não podemos controlar ações e reações das pessoas e muito menos prever o que a vida nos reservará, aprender a nos administrar, diante dos problemas e dificuldades encontrados é a solução mais simples que O Código T revela, embora eu não seja ingênua ao ponto de supor que será fácil.

> **"O outro e tudo aquilo que está fora não podem e nem devem ter responsabilidade pelos merecidos critérios de paz, alegria e sucesso."**

O CÓDIGO T

Isso, se ocorrer, pode ser tão frustrante como viver em uma montanha-russa de sentimentos.

Quando encontra nos outros ou nas circunstâncias aquilo que busca, a pessoa se enche de sentimentos bons e, ao contrário, se decepciona, se entristece e sente o acre sabor da derrota. Até quando se permitirá tamanha vulnerabilidade?

Olga, que abriu a metáfora inicial, esperava que a sua concorrente fosse gentil e justa durante o processo seletivo. Tão logo percebeu o contrário, seu mundo desabou. A única responsável pelo próprio destino, a pessoa que, de fato selou a situação, ao não reagir bem durante o teste, foi Olga. Sim, a concorrente foi desleal, mas esse é o aprendizado O Código T: as pessoas incorretas não podem ser determinantes em nossa vida.

A única forma de Olga se fortalecer e se preparar para os desafios é tirar o "holofote" do mundo externo e virá-lo, em direção a si.

É nesse movimento que, apesar de doloroso, todo ser humano vai encontrar força e sabedoria para superar a si, os concorrentes e transformar-se. Seu primeiro passo é adotar o hábito de observar-se.

Agimos e reagimos a tudo aquilo que nos ocorre, quase sempre de forma bastante automática.

A fórmula da transformação

A personagem Olga descobriu, naquele dia, que vivia centrada no outro ou nos fatores externos, em vez de concentrar energia e foco para observar o que realmente estava ocorrendo dentro dela.

Parece simples demais essa primeira parte da metodologia que pode levar à transformação. Tende calma, ó querido leitor!

Infelizmente, a etapa é pouco ou nada praticada pela maioria de nós.

Observar, verificar que emoções têm sido desencadeadas em nós diante das situações, principalmente as desagradáveis, dar nome a essas emoções é o primeiro passo para que passemos à fase seguinte, que se trata de entender o motivo de tudo o que está ocorrendo conosco.

"É doloroso descobrir-se sozinho e responsável único pela própria vida. Porém, nada é mais libertador."

Eliminar os "culpados" por aquilo que está sentindo ou passando faz o ser humano descobrir que só resta ele. É aí que dói. Mas é aí que se evolui...

O CÓDIGO

Ao se observar, a pessoa talvez descubra que permitia aos sentimentos negativos uma moradia em seu coração, seu corpo, seus atos, sua vida, sua alma. Essa pessoa não seria um raro exemplo. Acontece com muita gente. Uma das grandes dificuldades de observar é admitir o que realmente estamos encontrando dentro de nós. Afinal, deparar-se com grandes virtudes dá orgulho e satisfação, mas quem disse que nós, seres de erros e imperfeições, somos feitos apenas do que é nobre?

Desde muito cedo, aprendemos que algumas emoções "não devem ser sentidas".

— Você não deve sentir raiva, ódio e inveja dos outros!

Quantos de nós ouvimos isso dos pais, professores, avós? Pois é. Certamente, repletos de boas intenções, nos ensinaram que não devemos nutrir sentimentos nocivos, mas se esqueceram de nos ensinar a observar quando e em que situações esses sentimentos ocorrem, para que pudéssemos entender o "porquê" e eliminá-los de vez.

Seria utópico, irreal dizer que tais sentimentos não aparecerão, vez ou outra, em nosso cotidiano. Somos humanos, seres em eterna construção, passíveis de sentir e praticar coisas boas ou ruins. Precisamos nos livrar da forma como aprendemos a enxergar esses sentimentos, justamente para que seja possível eliminá-los.

A fórmula da transformação

É necessário entender que o problema não está em sentir, mas em lidar com o que sentimos e, mais ainda, optar por alimentá-lo ou eliminá-lo.

O mergulho de observação íntima é isto; a coragem de olhar para as próprias emoções, sem máscaras, culpas ou receios. É assim que passamos a agir de forma mais consciente, que podemos colocar a razão como "carro-chefe" de nossas ações, e evitar que muitos transtornos sejam causados por aquelas atitudes impensadas.

"A prática é o objetivo, e não a estratégia, pois desejar a prática é algo que todos conseguem, mas a maioria só consegue observá-la."

Alguns exemplos claros e clássicos:

✓ A segunda-feira de praticar a dieta, que jamais chega;

✓ O dia de praticar o desapego do vício e deixar de fumar;

✓ O ano que vem, em que serão cumpridas as promessas de se praticar o que prometeu, durante a festa da virada.

O CÓDIGO

Sem vontade e disciplina para praticar, o hábito de se observar será desenvolvido pela metade, como se nos tornássemos *voyeurs* de uma vida que só temos "em mente".

A observação das emoções pode ocorrer antes que sejam transformadas em ação, o que seria o ideal, pois evitaríamos as ações indesejadas que tanto causam prejuízos aos relacionamentos pessoais e profissionais; ou após o ato realizado. Nesse caso, ela não evitará os possíveis transtornos. Ainda assim, será extremamente útil para que sejam eliminados e administrados no futuro, evitando a reincidência.

Não é muito melhor do que nada aprender em relação ao erro praticado?

Como todo início, a prática traz alguma dificuldade, e a maior delas é observar-se da forma ideal, ou seja, antes que tudo esteja consumado. O motivo é elementar: temos um emaranhado sistema de crenças, valores e comportamentos prontos para atender aos padrões do passado e, por isso, agimos de forma automática.

O cérebro não sabe que as soluções de duas décadas não servem mais. O órgão é inteligentíssimo, porém precisa ser programado para agir conforme desejamos.

A natureza, nesse sentido, é tão sábia que nos ajuda nesse lindo processo de autoconhecimento e, na maioria das vezes, nem nos damos conta.

A fórmula da transformação

Já reparou que o nosso corpo sinaliza quando estamos tomados por emoções? Olhos que lacrimejam, sangue que parece "ferver", coração que dispara, mãos que transpiram... De alguma forma, tudo caminha e ajuda o ser humano a evoluir, mas a pergunta é: Na qualidade de ser humano, cognitivo e subjetivo, quem não consegue observar o que acontece dentro de si há de contemplar as oportunidades de fora, que se apresentam pela vida e pelas situações?

Quando o corpo, em sua linguagem, nos mostra quais emoções estão dominantes dentro de nós, ele nos ajuda a evitar o próximo passo: agir em função delas.

Isso quer dizer que a respiração não se torna ofegante à toa: com a raiva imperando e disparando injeções de cortisol, o hormônio de estresse, o corpo mostra, por meio da respiração, que "o bicho tá pegando". A maioria de nós ignora essa explosão hormonal, física e psíquica.

É nesse momento que, baseados nos sinais de mudança, podemos observar, recuar e agir de forma mais consciente. Mesmo contando com essa "ajudinha" do corpo para a demonstração dos sentimentos, nem sempre conseguimos observar antes da ação concretizada. Aliás, as pessoas costumam até dizer isto:

O CÓDIGO

— Fiquei tão cego de raiva que, quando vi, já tinha feito!

Vamos refletir que Darwin encontrou seus resultados **observando**. Tudo dependerá da intensidade desses sentimentos aflorados, das situações despertadas e de quanto incorporamos, como Darwin, o hábito de observar. Se estivermos diligentes e disciplinados quanto ao exercício observador, nos sairemos bem. Do contrário, seremos reféns da própria capacidade – ou incapacidade – de gerenciar o estresse momentâneo.

O importante é não haver culpas. Caso não se consiga a observação que antecede os atos, precisamos de compreensão, paciência e persistência, em nome da evolução e do amadurecimento emocional.

"Sempre que uma solução simples se esconde dos olhos e dos demais sentidos, a culpa está por trás disso."

A fórmula da transformação

Decifração observadora 1

Certa vez, ensinava essa técnica observar para Regina, minha cliente. Obviamente, os fatos e os personagens são alterados aqui e ali, para salvaguardar a privacidade, mas o aprendizado em conjunto, que é o mais importante e teve autorização para constar na obra, está aqui, a nosso alcance, como um rico complemento experiencial da metodologia O Código T.

Aproveito, inclusive, para agradecer a esses clientes e parceiros!

Regina era de temperamento bastante intempestivo, mas procurava, com ansiedade, formas de administrar o estresse. Ouvi dela a seguinte frase:

— É automático, Alexandra. Em algumas situações, o corpo ferve e aí "a coisa" acontece tão rapidamente, que nem sei se vou conseguir observar antes de que o estrago esteja consumado.

Apesar da imensa vontade de trabalhar o seu emocional, Regina se mostrava bastante descrente. Em vários encontros, eu reafirmava:

— Ao menor sinal de que o seu corpo possa dar sobre as emoções prestes a explodir, você deve sair da cena onde o contexto se desenvolve. Isso é importantíssimo para observar o que estava ocorrendo dentro de você.

O CÓDIGO

Os progressos começaram a surgir. É claro que não mudamos hábitos e comportamentos da noite para o dia e fracassos também surgiam, o que, constantemente, causava frustrações.

À medida em que conseguia progredir com o hábito de observar, Regina passaria para as próximas etapas dessa metodologia, o que servia de alimento para que continuasse, embora em ritmo bastante processual, a transformação que estava ocorrendo.

Nesse estágio inicial de querer e tomar consciência dos atos, para então modificá-los, é comum o ímpeto de desistir, sentir-se fracassado, ou mesmo negar que isso seja realmente importante para a vida, pois toda mudança interna é, em verdade, bem dolorosa.

É fundamental, para Regina e para cada um de nós, a consciência de que ainda mais doloroso seria viver sob o jugo e o resultado direto das consequências de nossos atos impulsivos. Portanto, dor por dor, que seja para promover a cura e a evolução dentro de nós.

Não muito diferente de Regina, por um bom período de minha vida, antes de iniciar os estudos e me aprofundar nos processos de autoconhecimento e transformação pessoal, eu era bastante impulsiva em relação às minhas emoções (prometi que também abriria a própria vida e começo a cumprir a promessa, pois embora

A fórmula da transformação

seja autora da metodologia, não sou melhor ou mais evoluída; estamos todos juntos no barco evolutivo).

Lembro-me de crescer ouvindo minha mãe dizer que eu "matava as pessoas, depois assoprava para viver". Por não conseguir "me administrar", em contato com situações ou pessoas que me despertavam emoções negativas, transbordava para o outro. E como era algo extremamente momentâneo, nos minutos seguintes eu estava em paz e nem me atentava sobre o que poderia ter ocasionado ao outro.

O fato é que quem fere, ainda que por palavras, pode não se lembrar, mas o ferido normalmente se lembra e, em muitos casos, nem temos ideia do dano, fruto da impulsividade não controlada.

A prática de passar a me observar e ficar atenta aos sinais que surgiam quando a razão resolvia se ausentar, fez toda a diferença no cultivo saudável dos meus relacionamentos.

Partindo do princípio de que tudo na vida se resume em relacionamentos de caráter pessoal ou profissional, podemos afirmar com bastante convicção que as melhorias na arte de se relacionar representam a conquista de resultados positivos em nossa carreira, empresa e em todo o meio de convívio.

O CÓDIGO T

Por outro lado, emoções destrutivas e sentimentos negativos, em nosso convívio, uma vez transformados em ação, podem gerar prejuízos incalculáveis.

Vale lembrar que nem só a raiva é capaz de trazer transtornos. Há vários sentimentos negativos, como a inveja, o medo e a tristeza que, se estiverem à frente de nossas ações e relações, podem ser extremamente nocivos.

"Ao pensar e agir sem equilíbrio emocional, nenhuma ação representa você, por essência."

Regina se reencontrou com a autonomia das decisões e eu me reencontrei com a chance de decidir por mim, pela essência que guia a minha existência, em vez de permitir que as emoções gerenciassem minhas ações e decisões ou ditassem como seriam os meus relacionamentos.

Em breve, você vai descobrir como fizemos, pois aos olhos do programa O Código T, tudo será decifrado!

A fórmula da transformação

Decifração observadora 2

Outro caso em que presenciamos a evolução em pauta, foi o de Francisco, mais um cliente que experimentou a metodologia O Código T e se deparou com um sentimento que ele, por anos, se recusou a enxergar ou admitir que sentia: a inveja.

Lembre-se de que você fez o aquecimento com Olga e não julgue o personagem ainda. Vamos entender tanto o sentimento como o próprio Francisco...

Várias situações e pessoas despertavam um sentimento nada saudável, nem a ele, tampouco aos seus relacionamentos pessoais e profissionais.

A mudança começou a ocorrer quando, ao utilizar a técnica observar, Francisco conseguiu dar nome ao que sentia, para então rumar até as fases seguintes. Algum tempo depois, e com muito esforço, conseguiu finalmente eliminar a inveja de seus comportamentos. O Código T vai decifrar como isso aconteceu...

A experiência superada por Francisco mostra que nem sempre estamos dispostos a avaliar características socialmente desaprováveis. Mergulhar até a profundidade do inconsciente para descobrir quão guerreiros e bondosos somos, é uma proposta que todos topariam.

O CÓDIGO

Fazer a mesma viagem para descobrir nossas feridas comportamentais, no entanto, é uma proposta de difícil adesão, mas absolutamente libertadora.

Depois, voltaremos ao cliente Francisco e aos detalhes de seu crescimento. Agora, tenho mais personagens a apresentar...

Decifração observadora 3

E por aqueles dias, conheci um rapaz que desejava melhorar o seu desenvolvimento profissional. De início, Andrade havia me procurado com o intuito de trabalhar suas competências como líder e gestor. Desejava que eu o auxiliasse em práticas que o levassem a agilizar suas ações. Uma das principais queixas: por motivos que Andrade desconhecia, ao receber novos projetos da diretoria para colocar em prática e geri-los, perdia muito tempo durante a etapa de análise, o que retardava todo o andamento dos processos.

Trabalhávamos juntos há alguns meses, em busca de resultados. Com o decorrer de seu desenvolvimento, introduzimos práticas importantes para diminuir a morosidade, mas o primordial para a sua superação foi identificar, por meio da etapa observar, o sentimento que o impulsionava a agir dessa forma.

Andrade conseguiu identificar que a morosidade se dava no início. Ao receber os projetos, um sentimento negativo era acionado nele, a insegurança.

A fórmula da transformação

Apenas para exemplificar e começar a aguçar o seu instinto de mudança, apresento algumas perguntas que foram essenciais para Andrade entender o que ocorria realmente dentro de si.

— O que você sente quando se encontra nessa situação?

— Por qual motivo você precisa analisar tantas vezes cada detalhe dos projetos?

Qual é a sua maior preocupação em relação ao desempenho dessas tarefas?

A partir das respostas buscadas para compreender a observação íntima, Andrade pôde identificar que a insegurança o levava a pensar que não seria capaz de conduzir da melhor forma e que alguma falha poderia ocorrer. A consequência se resumia a enxergar os projetos com pouca praticidade e objetividade, porém muito medo de errar.

"A pior insegurança não é aquela que impede a excelência, mas a que esconde sua origem nos calabouços do inconsciente."

O CÓDIGO

Assim, as coisas aconteciam no dia a dia, como se essa insegurança colocasse uma grande névoa que impedia Andrade de olhar para a realidade.

E, assim, assaltado pela insegurança, Andrade procrastinava tudo ao máximo, como uma forma de se sentir mais seguro. Por efeito colateral, fazia o gerenciamento dos novos projetos pela análise criteriosa, burocrática e lenta.

Antes que se pense em julgá-lo, talvez seja melhor formular outra pergunta:

Quem poderia dizer que nunca adiou uma decisão, pelo simples medo de decidir imediatamente?

Ou seja, o aprendizado de Andrade nos indica que devemos manter um rígido e diário policiamento das atitudes.

Quem já ouviu da liderança que "precisa melhorar a produtividade" deve se inspirar em Andrade, elaborar semelhantes perguntas e encontrar as respostas.

Todo gestor de empresa que demite colaboradores por falta de produtividade, a todo instante, deve se inspirar em Andrade e, quem sabe, avaliar se o líder tem deixado a equipe ansiosa, por excesso de pressão.

Ao compreender o que realmente se passava consigo, Andrade iniciou o processo de superação, o que cirurgicamente é a proposta observar e abriu espaço para

A fórmula da transformação

ir até as outras partes da metodologia: levar a quem pratica os fatores transformação pessoal e profissional. Observe que muito se fala sobre transformar pessoas e empresas, mas pouco se mostra. Quando decidi escrever, também me propus a mostrar casos reais, em nome da coerência. O meu compromisso é com você e por isso, bem mais do que teorias, fiz questão de colocar a prática no livro que está em suas mãos. E por falar nisso, vou apresentar outra personagem...

Decifração observadora 4

Decifrar o inconsciente é um exercício de muitos passos, etapas e vivências. Outro exemplo transformacional que pude presenciar em meus atendimentos foi Neiva, profissional bem-sucedida, que trabalhava há anos em uma empresa. Quando nos conhecemos, Neiva relatou que um novo colaborador ingressara em seu setor. A chegada dele a deixara extremamente incomodada.

— Não sei o que ele tem, mas só de olhar para a cara dele já me incomodo demais!

Como a comunicação entre ambos deveria fluir da melhor maneira, o sentimento dela prejudicava o alcance dos resultados.

O CÓDIGO T

Sempre insisto que não temos controle algum sobre o outro. Mas podemos, ou melhor, é primordial que tenhamos controle sobre os nossos atos. Uma das primeiras respostas que ofereci para Neiva foi:

— Aos olhos do processo transformacional, não importa o que ele tem. Quero ajudar a entender o que acontece **com você** ao entrar em contato com ele.

E assim, com o aceite dela, iniciamos o processo de observar.

A primeira orientação foi observar, assim que o visse, quais sentimentos eram despertados nela.

Essa perspectiva de observar o sentimento logo no primeiro contato gerou o resultado que procurávamos. Ao seguir a minha orientação, ela conseguiu descrever o sentimento negativo predominante que vinha à tona: irritação. Exatamente isso. As formas de falar e agir desse novo colaborador, bastante pausadas e cautelosas, irritavam minha cliente, de perfil extremamente ativo, rápida em seus atos e suas palavras.

Quando passamos para a etapa seguinte, que é **analisar** (outro poderoso elemento O Código T, que decifraremos juntos), Neiva entendeu o que se passava dentro de si e, com isso, pôde transformar para melhor um relacionamento profissional que, por causa da

A fórmula da transformação

intolerância inexplicável, estaria fadado ao fracasso. Felizmente, ela teve a coragem de procurar ajuda. Do contrário, poderia ter afetado os seus resultados e até mesmo prejudicado a sua permanência na empresa. A experiência de Neiva não é isolada. Quantas vezes entra alguém na empresa e, sem motivo algum, costumam-se usar expressões como "não fui com a cara dele" ou "o nosso santo não bateu"?

A experiência com que Neiva teve de lidar é válida para entendermos que esse problema é recorrente nas empresas de todas as regiões brasileiras e a solução não depende do outro. Todo profissional deve observar "o que" o incomoda naquele que acaba de chegar. A partir dessa observação, tudo tende a se resolver.

"Para evoluir uma percepção, a nossa porção consciente só precisa saber 'o que' tem incomodado a porção inconsciente."

O CÓDIGO T

Assim entendido, vamos conhecer a nossa quinta personagem...

Decifração observadora 5

Supervisora de uma multinacional, Jussara, outra cliente que conheceu O Código T, me procurou para que eu realizasse um desenvolvimento de suas competências conectadas à liderança. Assim, relatou um incômodo bastante acentuado que sentia em relação aos colaboradores de sua equipe.

Jussara exercia o papel de liderança há apenas um ano e, apesar de conduzir a equipe ao encontro de bons resultados, sabia que poderiam ser melhores, mas não conseguia.

No segundo encontro com a supervisora, me dediquei a mergulhá-la profundamente nesse primeiro passo da metodologia O Código T; observar. Pedi que relatasse "o que" observava no comportamento dos subordinados.

— O que leva você a crer que os colaboradores não estão oferecendo o seu melhor? – perguntei.

Depois de refletir um pouco, Jussara respondeu:

— Com frequência, tenho que cobrar a mesma tarefa várias vezes, até que seja cumprida. Percebo que falta um pouco de boa vontade e comprometimento com os resultados. Isso me incomoda muito!

A fórmula da transformação

Jussara já havia observado os seus colaboradores. Você que está acompanhando como é importante observar, deve imaginar que Jussara foi por mim incumbida de se observar.

Quando perguntei como ela cobrava as tarefas deles, a irritação ficou nítida e seu corpo emitiu sinais que confirmavam isso. O rosto ficou avermelhado, o tom de voz mais elevado, a respiração mais curta e os olhos mais arregalados. Com todas essas evidências não verbais, Jussara disse:

— Sou bastante firme. Para mim, é um absurdo ter que cobrar algo que já foi passado e orientado.

Com a própria percepção de "absurdo", Jussara observou quais sentimentos apareciam. Foi então que parou, baixou a cabeça por alguns segundos e, ao erguê-la, confirmou que entendia, naquele exato momento, o que estava acontecendo:

— Finalmente entendi, Alexandra. Para mim, tarefa dada é tarefa cumprida. Fui assim desde criança e durante toda a minha vida. E me irrito profundamente quando encontro pessoas que não agem da mesma forma!

Na época em que participou de meu trabalho, Jussara estava com 30 anos e feliz, sacou que foram

O CÓDIGO

três décadas do mesmo comportamento. Juntas, fizemos descobertas incríveis para que ela pudesse lidar com a situação da melhor forma.

De volta à empresa, com o autoconhecimento acumulado, Jussara conseguiu usar a flexibilidade para entender como cada colaborador funciona. A mim, que facilitei a experiência e a você, que lê um resumo dela, fica uma valiosa lição sobre a necessidade de entender que cada pessoa carrega um sistema de crenças e valores e, não obstante, cada ser humano tem um tempo de reação diferente. Embora todos sejam capazes de chegar ao mesmo fim, o *timing* de realização das etapas talvez seja diferente. Anote bem: eu disse diferente; nem melhor e nem pior.

Vamos conhecer a próxima personagem e fique tranquilo(a): você vai identificar facilmente essa diversidade de protagonistas, ao longo da obra...

Decifração observadora 6

Outra história bastante interessante, dessa vez voltada ao desenvolvimento pessoal, ocorreu com Joana.

Aos 37 anos, mãe de duas meninas, uma de 11 e a outra de 9 anos, procurou-me para trabalhar comportamentos que considerava prejudiciais em sua vida.

A fórmula da transformação

Dentre eles, a necessidade de ser mais "leve" e brincar mais com as filhas. Relatava que, de um lado, se considerava ótima mãe, dedicava tempo a cuidar e administrar, de forma impecável, os temas como saúde, segurança, educação, alimentação e tudo o que fosse conectado ao bom desenvolvimento das crianças. De outro, confessou que fazia tudo isso de forma bastante operacional e não arrumava tempo para atender à queixa mais constante delas: atenção. As meninas a queriam mais presente em momentos lúdicos, para brincarem juntas e, por força das circunstâncias, estava difícil.

Iniciei alguns questionamentos, para que Joana pudesse cumprir essa relevante etapa de observar quais sentimentos eram despertados nela, a ponto de impedi-la de ser mais presente nas brincadeiras com as crianças. Joana desabafou, depois de muito refletir:

— Sinto principalmente uma falta de paciência, como se toda a minha energia e vontade fossem canalizadas a cuidar das coisas operacionais e básicas de um bom desenvolvimento e tudo aquilo que foge disso, como brincar, no fundo me dá a sensação de ser pouco importante. Daí, fico sem paciência para fazer o que elas tanto querem.

O CÓDIGO

Quando Joana enfim conseguiu observar o que ocorria dentro de si, e que a fazia agir dessa forma, pudemos entrar na etapa analisar, entender os motivos que a levavam a alimentar esses sentimentos e, por consequência, as atitudes.

Com todos os passos da metodologia, adiante Joana comentou os progressos obtidos com as filhas e, bastante animada, afirmou que havia mergulhado em experiências novas com as pequenas, que certamente passaram a aproveitar a "nova versão" dessa mãe que tive o prazer de receber como cliente.

"A mãe que a criança espera não se distancia de maneira proposital. Ela é sequestrada pela perfeição. Observar isso é o primeiro passo para colocar fim ao sequestro."

A fórmula da transformação

A história de Joana nos mostra como a parte "operacional" de ser pai ou mãe pode nos conduzir ao perfeccionismo e nos "envelhecer precocemente".

Em minha vida, muito antes de mergulhar nas profundezas do universo de autoconhecimento, passei por uma experiência que, somente anos depois, ao aplicar esses três passos da metodologia, pude compreender e assim, resolver internamente, para que situações semelhantes não me afetassem.

Aos 25, fui coordenadora do ensino médio, numa cidade no interior do estado de São Paulo.

A enriquecedora experiência de lidar com os mais jovens é indizível. Já atuava na vida acadêmica como professora universitária e coordenadora de um núcleo de estágio da Faculdade dessa mesma cidade. Porém, pela primeira vez, entrava em contato com o intrigante universo dos adolescentes e quem já passou por algo semelhante, bem sabe o quanto aprendemos com eles.

Apesar de ter considerado a experiência bastante interessante, ter me apegado e desenvolvido um carinho imenso por aqueles pequenos jovens, percebi que não era uma tarefa que gostaria de exercer por muito tempo. As atividades na faculdade acabavam me tomando bastante tempo e, para estas, eu já exercia há alguns anos

O CÓDIGO

e me sentia mais bem preparada, pois desde os 22, idade em que terminei a graduação, me matriculei em uma pós-graduação e iniciei na vida acadêmica. Mas, o motivo que acelerou minha saída e diminuiu o tempo de permanência na função com os jovens foi algo que hoje, compreendido e superado, parece pequeno, mas na época, tomou dimensões gigantescas em mim.

A chefe era a diretora da escola. Mulher exigente, determinada e de pulso firme para liderar. Até aí, sem problemas. Mas, algo nela me afetava profundamente: o seu olhar. Antes de explicar o efeito de seu olhar em mim, quero deixar claro que não havia nada de errado com o olhar da chefe; eu tinha problemas em lidar com ele.

A situação se assemelhava àquela vivida por Neiva, que não gostava do novo colaborador. Assim dito, reforço o fato de que nós, seres humanos, temos a tendência de achar culpados para as experiências desconfortantes e eu, que me recuso a fazê-lo, já admito que o problema era meu. Enfim, era um olhar bastante sério, que eu sentia atravessar o meu ser, como a me reprovar a todo tempo.

Nosso convívio não era difícil. Não brigávamos e, apesar de defendermos opiniões por vezes contraditórias, chegávamos a um consenso sem grandes transtornos.

A fórmula da transformação

Mas, algo não dito por ela, motivado por seu olhar, mexia profundamente comigo.

Acabei pedindo demissão e um dos fatores que mais pesaram foi esse incômodo que se passava dentro de mim. Somente após uma década pude aplicar a metodologia e entender o que realmente ocorreu durante essa experiência profissional.

Comecei a observar que a diretora não foi a única mulher que me incomodou com tal olhar. Ela apenas foi a única a conviver tão perto de mim, com esse silencioso olhar que me afetava e, por isso, eu havia prestado mais atenção.

Percebi que em contato com mulheres mais velhas do que eu, se essas me olhassem de forma semelhante, eu sentia desconforto e, normalmente, tinha dificuldades em estabelecer sintonia com elas.

Posso afirmar, a partir dessa percepção: é impressionante, mas enquanto você não supera algo dentro de si, a vida parece apresentar, repetidamente, situações ou pessoas semelhantes àquelas que despertaram o incômodo ou o problema original.

Uma sugestão a você, leitor(a): guarde bem as palavras deste parágrafo que acabo de lhe entregar, e que representam a essência de todo processo evolutivo.

O CÓDIGO

E depois de guardar bem, lembre-se de observar os novos relacionamentos de sua vida com base nelas. Asseguro que vai fazer toda a diferença!

Agora, pasme: observei que essas mulheres mais velhas do que eu, com as quais identificava semelhanças na maneira como olhavam para mim, lembravam o olhar de minha mãe. Como passei anos de minha vida procurando resolver questões e sentimentos internos em relação à minha convivência com ela, concluí, por meio do passo observar, que nunca tive problemas com essas mulheres. Eu apenas transferia a elas questões não totalmente resolvidas que tinha com a minha mãe.

E pergunto, sem receio: quem nunca?

Quando mergulhei profundamente no segundo passo da metodologia, analisar, e finalmente compreendi os motivos das questões com a minha mãe, por analisar o comportamento dela e principalmente o meu em relação ao dela, pude transcender tudo isso e passar a enxergar os olhares que cruzavam o meu caminho como o que realmente são: simplesmente olhares.

Consegue sentir a liberdade disso?

A fórmula da transformação

Decifração observadora 7

Apresento-lhes o último personagem da obra, o cliente Romualdo, que me procurou por estar insatisfeito com alguns de seus comportamentos, que afetavam aspectos pessoais e profissionais.

Sua maior queixa era a de que procrastinava decisões e ações que deveriam ser cumpridas com maior agilidade. Romualdo estava prestes a perder o emprego, afinal exercia cargo de liderança na empresa e isso vinha afetando os resultados com a própria equipe.

No cenário pessoal não era diferente. Sua esposa, após oito anos de casamento, havia deixado claro: se ele não mudasse, a separação seria inevitável.

Quando iniciamos a aplicação dessa metodologia, pedi que relatasse o que observava de si, diante dos acontecimentos que procrastinava.

Seu desabafo chamou a atenção:

— Alexandra, não sei o que acontece comigo. Quando estou diante de situações importantes que exigem alguma ação ou decisão, eu simplesmente travo. É como se olhasse para elas e não conseguisse ir de encontro. Então, simplesmente vou deixando o tempo correr, até que fique sem alternativa e acabe agindo tardiamente, ou outra pessoa faça e resolva o caso por mim.

O CÓDIGO

O leitor, decerto, pode imaginar quantos prejuízos Romualdo teve, durante toda a sua vida, por agir assim.

"Diante da ação, a procrastinação é como um poste emocional e as opções são: desviar e seguir, ou agarrar-se a ele, alegando problemas. Muitos optam pela segunda."

Muitas coisas que aparecem diante de nós têm *timing* próprio e não esperam, quietinhas, até que estejamos preparados para a ação. Ou seja, a vida e as demandas seguem, estejamos ou não em movimento.

Além dos prejuízos, Romualdo relatava um sentimento de culpa e frustração, cada vez que deixava de agir no momento certo.

A fórmula da transformação

— Eu sei que preciso fazer a coisa acontecer, mas simplesmente não consigo. Estou ciente de que tenho falhado com a empresa, com os meus superiores e com a própria esposa. As pessoas do convívio e até mesmo a minha esposa passam a impressão de que não sou comprometido ou que apresento descaso com as coisas. – admitia Romualdo.

Ainda na fase de observar, fiz algumas perguntas para que identificasse o que ocasionava a procrastinação. Pedi que se lembrasse dos últimos acontecimentos em que isso ocorreu e que procurasse perceber, por ocasião em que exigiriam dele alguma ação, o exato sentimento despertado dentro de si.

— Não consigo nomear exatamente o sentimento, mas cada vez que passo por esses momentos, tenho a sensação de não dar conta.

— E será que acaso, nessas situações, seria possível observar alguma mínima sensação de incapacidade ou insegurança para agir? – sondei.

Eu me lembro bem de sua reação. Romualdo me olhou fixamente por alguns segundos, como se tivesse encontrado uma resposta. Então, afirmou:

— Alexandra, eu não chego a me sentir incapaz, mas não estou seguro de que tenho agido da melhor forma!

O CÓDIGO T

Já vimos uma experiência semelhante. Porém Romualdo não era acionado somente para o gerenciamento de projetos, mas em situações ou decisões variadas que surgiam nos aspectos pessoal e profissional.

A desordem interna finalmente se revelou com O Código T. Romualdo descobriu que jamais havia se percebido uma pessoa insegura, embora viesse agindo com insegurança há muito tempo.

Consegue perceber, caro leitor, como é importante o exercício de observar-se?

"Mais importante do que lidar com a insegurança é ter consciência de que vivencia situações que envolvem o sentimento."

A fórmula da transformação

Como havia começado a trabalhar muito cedo, para ajudar os pais no sustento da casa, Romualdo encontrou vários progressos e conquistas em sua vida. Por isso, a insegurança, na visão dele, não era algo que se encaixava nessa exitosa trajetória. Romualdo tem bastante companhia. Muita gente acha que o fato de vencer em uma área o credencia a ser uma pessoa segura, em todas as outras. Ledo engano, a equivocada percepção pode gerar problemas.

Em outra análise, devemos pensar na insegurança como um fugidio comportamento, e não como algo que está na essência, na identidade e no DNA. Foi o que expliquei ao cliente, ao esclarecer que o fato de ter insegurança em situações específicas, não fazia dele uma pessoa insegura. Concluí que o avanço para o próximo passo facilitaria analisar e conseguiríamos entender o motivo que despertava esse sentimento em cada contexto, para então superá-lo.

E assim o fizemos...

Nas próximas etapas dessa metodologia, Romualdo pôde mergulhar dentro de si, nas profundezas de seus sentimentos, onde encontrou as respostas que mudariam sua forma de agir.

O CÓDIGO

O mergulho observador foi crucial para a consciência de que havia motivos internos para procrastinar ações e decisões, além de eliminar sentimentos de culpa e concentrar suas energias para eliminar o que limitava seus resultados e afetava, frequentemente, sua vida.

Romualdo emergiu, respirou fundo e voltou a mergulhar, dessa vez lançando-se ao oceano analisar, onde entendeu que se sentia inseguro em algumas situações que exigiam dele ações ou decisões pontuais. Eis a solução: Dentro de nós, diferentes oceanos aguardam o mergulho do autoconhecimento observador e analítico. Sem esse mergulho, estaremos sempre no espaço raso, onde "dá pé", onde comportamentos como a insegurança têm voz ativa e podem prejudicar, a ponto de gerar procrastinação, como foi o caso de Romualdo e tal qual acontece com muitos de nós.

Precisamos estar cientes de que eliminar emoção ou sentimentos negativos e modificar comportamentos inadequados preveem uma ação básica: nomeá-los.

Ao transformar em palavras o que incomoda, sabemos contra quem estamos lutando.

Observar, portanto, é a bússola emocional dos novos tempos. Olhar para dentro de si, identificar o instante em que as emoções, os sentimentos e comportamentos negativos têm entrado em cena.

A fórmula da transformação

Esse primeiro passo, rumo à busca da nossa melhor versão, pode causar incômodos. Mergulhar nos mares inquietos da jornada interior não é um processo fácil.

Quando colocamos o foco dentro de nós e iluminamos o que, por anos, estava escondido, a surpresa é inevitável e nem sempre gostamos daquilo que vemos.

Porém, uma vez observado e identificado o objeto de desconforto, a próxima fase da metodologia O Código T, analisar, nos espera. E se não foi fácil mergulhar, nesse momento a compensação começa a surgir...

"Convide-se à análise íntima e diga sim ao convite, pois é melhor analisar os anseios da alma do que ver a ansiedade no corpo."

O CÓDIGO T

Uma fase importantíssima, analisar representa o "meio do caminho", para que finalmente ocorra a etapa transformar.

Ao longo dos argumentos que firmaram essa primeira parte da metodologia O Código T, você deve ter reparado que existe uma espécie de roteiro a ser praticado. Deixo um resumo, para que você faça o mais belo e íntimo mergulho possível.

Diante do fato ou da situação que desperta comportamento, ação ou reação que você pretende mudar:

1 - Observar as reações no corpo que sinalizem emoções e sentimentos negativos. Por exemplo: coração acelerado, vermelhidão da pele, mãos que transpiram, "quentura" dentro do corpo;

2 - Recuar estrategicamente;

3 - Identificar e nomear emoções e sentimentos despertados;

4 - Elaborar perguntas que reforcem o processo de observar e identificar:

• O que exatamente estou sentindo?

• Por qual motivo estou experimentando essas reações?

Por fim, a validação que você merece incluir em sua vida: observe-se à luz dos detalhes emocionais, pois a impiedosa rotina nunca se cansa de sair na frente.

A fórmula da transformação

Convido você, que já se aqueceu, a mergulhar fundo e analisar as merecidas mudanças que deseja. Os personagens revelarão os acontecimentos, O Código T permitirá a análise e você se beneficiará, pelo seguinte motivo: quem avalia de fora, de maneira dissociada, aprende por empatia e modelagem. Desejo a você um excelente mergulho analítico!

2º Passo: analisar

O avanço é o único caminho para o ser humano, depende da observação e esconde soluções impressionantes.

Partindo do princípio de que muitas emoções e sentimentos negativos são despertados em situações ou em contato com outras pessoas, talvez sinalizem algo que merece ser observado com carinho e cautela. Por isso, o passo analisar é extremamente rico ao processo de transformação proposto pelo programa O Código T.

Quando estamos em paz, confiantes e bem resolvidos em determinado assunto, mesmo que ele se apresente sob o formato de ofensas, dificilmente conseguirá tirar nossa paz e nosso equilíbrio.

Na verdade, nos incomodamos com o que, de alguma forma, ficou "arranhado" em nosso ser, ou seja, que não foi totalmente tranquilo ou bem resolvido.

O CÓDIGO

Durante a vida, absorvemos os modelos de pais, parentes e pessoas que marcaram nossas experiências conectadas a conquistas, vitórias, alegrias, dores, tropeços e perdas. A depender de como lidamos com o elemento negativo que resultou de nossa jornada, podemos "arrastar" e prolongar o sofrimento gerado em um determinado momento de nossas vidas, para outros contextos, personagens e pasme: tempos. Isto é, talvez décadas depois daquilo que vivemos e com o que muito aprendemos, ainda pode existir sofrimento.

A dor ou o incômodo um dia vivenciado, e não superado, poderá se repetir em outras situações ou com pessoas que, de alguma forma, nos lembram a origem desses sentimentos negativos.

Aquilo que ficou negativamente marcado em nós pode ter como origem as experiências com os pais, os cuidadores (pessoas que fizeram o papel de nossos pais), ou com os demais contextos e pessoas do âmbito social: amigos, escola, professores, trabalho, lideranças, cônjuges etc. Saber identificar e analisar essa origem em toda situação que nos ocasione transtorno ou desconforto, os sentimentos atuais e passados, é primordial para que toda superação ocorra.

A fórmula da transformação

Três perguntas são essenciais para identificar a origem e mergulhar profundamente em uma análise de tudo o que realmente ocorre dentro de nós:

Quem agia dessa forma?

Com quem aprendi a agir assim?

Já escutei, vi ou vivenciei algo semelhante? E em caso positivo, quem gerou essa experiência?

Ao identificar a origem de um sentimento atual que incomoda e que procura superar, qualquer pessoa talvez se surpreenda ao perceber algo jamais imaginado: que determinada pessoa ou situação tenha marcado a sua vida de um jeito tão significativo.

Alguns até sabem, mas não ter superado algo já identificado sugere que ainda há uma "sujeirinha sob o tapete" a ser observada e analisada. Outras vezes, até identificou-se, mas ainda não foi exercido o grande esforço para conseguir os resultados positivos.

Assim, voltando aos exemplos da parte 1, poderemos entender melhor essa fase da metodologia e, para

O CÓDIGO

isso, vamos mergulhar com um pouco mais de profundidade nas histórias dos personagens e, é claro, na minha história, afinal fui a primeira a usar, testar e colher os resultados desse método que tem ajudado muitos a tornarem sua jornada mais leve e produtiva. Em nome do bom senso e da congruência, portanto, ofereço a você uma metodologia que transcende a teoria.

Decifração analítica 1

A decisão de mergulhar profundamente no caminho do autoconhecimento e utilizar esses três passos (observar, analisar e transformar) deu-se quando percebi que a minha vida, semelhante a uma casa, necessitava de reformas profundas, como aquela casa que um dia até serviu por um determinado tempo, mas deixou de atender aos desejos e necessidades.

É interessante o que essa metáfora pode nos dizer. Nem todas as construções tiveram um ótimo engenheiro ou arquiteto. Nem todas contaram com uma fundação adequada e um estudo correto para avaliar se o terreno era mais firme ou arenoso. Diante das eventuais complicações, duas alternativas:

1) Passar uma tinta aqui, outra ali. Usar um cimento, uma massa, algo para esconder os defeitos, ou simples-

A fórmula da transformação

mente, derrubar uma parede, estourar um piso. Enfim, reconstruímos pedaços que precisariam ser reformulados de outra forma, para encontrar a raiz, em vez da causa dos problemas. Assim somos nós. Seja pela história de vida ou pela forma como interpretamos essa história, somos a somatória de pais, criação, experiências, ambiente e, muitas vezes, vamos nos construindo, necessitando de alguns "reparos" simples ou mais profundos. Chega um momento em que precisamos escolher que tipo de reforma utilizaremos e, infelizmente, a maioria prefere a simples; aquela que não causa transtorno e que, por um tempo, podemos olhar para nossas "casas" e nos enganar, dizendo: "tá tudo bem", tá tudo perfeito";

2) Quando optamos pela reforma que necessita derrubar nossas paredes e reestruturar nosso chão, descobrimos que o investimento é bem mais demorado, requer mais paciência, empenho e dedicação. Apesar de todo o sofrimento que essa alongada e profunda reforma pode causar, desde que realizada com cautela, amor e tolerância, nos tornaremos mais fortes, seguros e confiantes. Dificilmente, as nossas "rachaduras e cisões" voltarão àqueles pontos antes existentes.

Escolhi essa última reforma, a mais profunda – e nada simples. O que me fez optar por ela foi um pensa-

O CÓDIGO T

mento elementar: se quero mudar os resultados, se almejo que eles sejam concretos e duradouros, de nada adiantará permanecer ou me cercar de mudanças superficiais. Por mais incômodo que possa ter causado optar por reconstruir algumas partes dentro mim, foi a melhor atitude adotada. Graças a essa escolha e aos resultados obtidos, hoje posso ajudar muitas outras pessoas que um dia também decidiram pela "reforma da casa emocional", que olharam para si, compreenderam a forma de ser e pagaram o preço de mudar o que precisa ser mudado. É o melhor caminho para quem deseja assumir a autoria da própria história. E foi assim também com Regina, aquela que relatou o comportamento intempestivo. Vamos entender o que O Código T decifrou para ela e, adiante, continuarei a compartilhar as minhas novas descobertas...

Decifração analítica 2

Quando passamos para a fase analisar, pudemos entender os motivos que a levavam a agir como tal.

Regina não aprendeu a agir assim com os pais. Ao contrário, disse ela:

— Alexandra, os meus pais eram extremamente calmos e permissivos. Aliás, por isso levaram tanto na cabeça.

A fórmula da transformação

A pequena frase foi o início da compreensão de tudo. Ali, "escapou" e ficou claro o motivo que fazia Regina agir dessa maneira.

Ela relatou que, durante toda a infância e adolescência, a percepção que tinha dos pais era: na vida pessoal ou profissional, sempre abaixavam a cabeça e não se posicionavam. No entendimento de Regina, isso não era bom. Acreditava que as pessoas deveriam adotar uma postura diante daquilo que não concordassem ou considerassem errado.

Se os pais realmente tiveram prejuízos em sua forma de agir ou se foi só uma interpretação dela, concordamos que durante o decorrer do trabalho jamais saberíamos, uma vez que não estavam vivos e Regina não poderia perguntar. Ela entendeu que isso pouco importava em relação ao seu presente e futuro.

E complementei:

— Sabe, Regina, ainda que os seus pais tenham vivenciado algum prejuízo, o ganho desse casal, no sentido de "ser como gostaria de ser" certamente foi maior, pois quando os prejuízos se tornam maiores do que os ganhos, cedo ou tarde encontramos uma forma de mudar, o que não ocorreu com os seus pais.

O CÓDIGO T

Analisando todo esse contexto, minha cliente teve a percepção das percepções:

— Que coisa doida isso, Alexandra. Por acreditar que a forma mansa, calma e permissiva de meus pais lidarem com as situações não era nada legal, acabei me tornando o oposto extremo e radical!

Com a conclusão e mais mergulhos na etapa analisar, Regina foi compreendendo que; primeiro, não tinha certeza de que foi realmente ruim para os seus pais serem como foram e segundo, ainda que tivessem sofrido em algumas ocasiões, não era necessário que ela assumisse o oposto do comportamento deles.

A experiência de Regina é universalmente útil:

"Somos uma fração do que foram os nossos pais. Esse entendimento é libertador, porém nada aprisiona mais do que viver de acordo com as escolhas deles."

A fórmula da transformação

O meio-termo, um equilíbrio na forma de agir é sempre a melhor escolha. Na primeira fase, Regina aprendeu bastante sobre observar os sinais do corpo e as situações que a tiravam do sério. Passou a recuar e deixou de agir pela emoção. Agora, vivenciava o que a segunda fase lhe proporcionou e pôde acelerar o seu processo de transformação. Com isso, os resultados surgiram de forma mais rápida e eficiente.

Analisar, percebe-se, é entender que há sempre um motivo para a pessoa ser o que é e agir como tem agido. Porém, entender não significa vestir a metafórica roupa de vítima e se acomodar com as rasas respostas encontradas, que visam só justificar atos e erros.

Aliás, vamos deixar bem clara a diferença entre explicação e justificativa.

Explicação: proporciona um entendimento para que, a partir daí, seja possível rever o que precisa ser mudado ou até perdoado, em nós ou em outras pessoas, dependendo do que encontramos pelo caminho;

Justificativa: ação que tende a paralisar, pois é utilizada como pretexto para que a mudança não ocorra, o erro não seja revelado e nada seja perdoado.

Como a metodologia O Código T busca decifrar a superação e a transformação pessoal, analisar tem a finalidade primordial de "explicar para mudar".

O CÓDIGO

Enquanto Regina vibrava com as novas conquistas, eu também buscava as minhas. Confira...

Decifração analítica 3

Voltando aos exemplos e abrindo o baú de minha vida para inspirar você, afirmo que o entendimento dos motivos que me levavam a agir de forma impulsiva e, por vezes, intempestiva, levou um pouco mais de tempo para ser processado e concluído.

A princípio, quando ainda estava na fase de observar, o único avanço que consegui, por um longo período, foi o que relatei antes: perceber no corpo os sinais de quando a emoção impulsiva estava prestes a tomar conta.

Porém, não conseguia perceber exatamente quais situações despertavam tais emoções, pois eram diversificadas e, além disso, eu estava engatinhando no processo de autoconhecimento.

À medida em que passei a me conhecer melhor, pude aprofundar a fase de observar e, em seguida, mergulhar na etapa analisar.

A pergunta que me fiz, e que demorou a ser respondida, foi a seguinte:

A fórmula da transformação

O que havia em comum entre as situações que despertavam impulsividade e minhas emoções? Eu precisava descobrir quais sentimentos eram acionados antes da "explosão".

Assim, apesar da diversificação das situações, dos contextos e cenários, consegui concluir que as turbulências emocionais afloravam quando me sentia incapaz, insegura, com medo de agir da melhor forma. Para me defender desses sentimentos, eu atacava, ou seja, utilizava palavras de forma ofensiva.

Perceba quão comum isso pode ser nos relacionamentos, simplesmente por não conseguirmos lidar com as próprias emoções ou reações diante das situações. Podemos arremessar no outro todo o nosso incômodo interno, atacando, provocando ofensas. Agimos como se o outro fosse "bode expiatório" de nossas questões internas, íntimas e mal resolvidas.

Quando finalmente percebi o que ocorria dentro de mim, pude dar o próximo passo para compreender os motivos de me sentir frequentemente insegura ou com medo.

E aqui se inicia uma breve viagem pela minha linha do tempo. Esta é a minha proposta: desnudar o meu passado, para que você se inspire e tenha o melhor futuro possível.

O CÓDIGO T

"É preciso coragem para abrir os baús secretos da própria vida. Mas, como são pesados demais para carregar, recomendo que o faça e garanto: é um terapêutico mergulho."

Tive uma criação bastante protetora. Minha mãe sempre cuidou em excesso e demonstrou muita preocupação, para que não nos machucássemos. Patins, bicicletas ou itens que pudessem colocar em risco a integridade física foram proibidos por uns bons anos.

Cresci ouvindo a frase:

— Cuidado, menina, você vai se machucar!

Além de todo esse cenário, luto contra o transtorno do déficit de atenção (TDA), que somente foi diagnosticado e tratado em minha fase adulta.

Não é objetivo deste livro entrar em detalhes sobre essa questão, mas algumas características são importantes, para que se entenda o que ocorre com o paciente TDA.

A fórmula da transformação

Temos dificuldade para manter o foco e a concentração, por muito tempo, em uma só atividade. Isso nos torna desatentos, por vezes esquecidos. Manter a organização é outro desafio de quem vivencia o TDA. Antes que você se exaspere, tente calcular se também possui essas características e comece a se diagnosticar, entenda: primeiramente, dado o ritmo acelerado em que estamos vivenciando tudo à nossa volta, essas características são bem comuns. O diagnóstico de um TDA é muito mais do que mero relato ou especulação e deve ser feito por uma equipe multidisciplinar, como foi comigo: médicos, psicólogos e professores.

Para que você entenda um pouco mais como eu funcionava, me lembro que enquanto as professoras estavam falando, eu dificilmente conseguia estar no momento presente. Por isso, passava horas, em casa, fazendo o que minha mãe acreditava que seria "estudar" a matéria vista em sala. Na verdade, estava investindo tempo para aprender o conteúdo pela primeira vez.

Isso me custou comparações constantes com o meu irmão mais velho, pois ele não precisava de tanto tempo para estudar, uma vez que conseguia prestar atenção enquanto os professores explicavam.

O CÓDIGO T

Quando eu abria a boca em sala de aula, para fazer algum questionamento sobre a matéria, normalmente, o professor(a) já estava em outro assunto e como eu era desatenta, nem percebia. A explicação é simples: a mente embarcava no assunto questionado e me desligava de todo o resto.

Assim se deram os meus dias de escola. A dificuldade gerou brincadeiras ou *bullying* (na época não se usava essa nomenclatura), piadas dos colegas e uma frase que me acompanhou durante anos, sempre acompanhada de muitas risadas:

— Tinha que ser a Alexandra!

Na maioria das vezes, eu perguntava o que o professor acabara de explicar e finalizar. Daí a frase...

Juntando os efeitos de uma criação protetora desde a infância, as comparações com o meu irmão e a vergonha que passava constantemente em sala de aula, os sentimentos de insegurança e medo me assombravam, ao lado da dúvida, sempre presente, de minhas capacidades.

Quando consegui entender tudo isso, completei a etapa analisar de O Código T, e percebi a história por trás desses sentimentos que eram acionados em determinadas situações, e que me causavam as reações intempestivas.

A fórmula da transformação

À medida em que fui ampliando o autoconheci-mento e encontrando os motivos para agir como agia, pude avançar até a próxima etapa: **transformar** aquilo que não me cabia mais. Essas reações que tanto desconforto trouxeram aos meus relacionamentos eram o alvo perfeito para aplicar a metodologia.

Quem convive com o transtorno ou conhece de perto uma pessoa com TDA, precisa entender que a impulsividade pode ser uma característica bem marcante em seu cotidiano e a aplicação dessa metodologia me ajudou significativamente a diminuir o impulso capaz de gerar incômodas consequências.

Eis a dica de alguém que conhece os efeitos do TDA na própria pele: continue a mergulhar nas próximas páginas da metodologia. Se transformou positivamente a minha vida, bem pode fazer o mesmo pela sua. E se O Código T foi capaz de decifrar as respostas para mim, que vivencio os desafios do TDA, imagine a você, que provavelmente está livre desse transtorno. Enquanto você reflete, vamos agora ao personagem Francisco...

Decifração analítica 4

Diante da etapa analisar, a vida de Francisco, aquele cliente que precisou lidar com o sentimento de inveja, também recebeu decifrações interessantíssimas.

O CÓDIGO

Quando me procurou, as queixas estavam bastante relacionadas a algumas pessoas à sua volta: o chefe, o colega de trabalho e a esposa.

Francisco tinha a impressão de ser o cara que mais contribuía, mais trabalhava e, mesmo assim, o menos reconhecido. Sentia-se preterido.

Custou alguns atendimentos, mas Francisco conseguiu concluir que a inveja era o seu sentimento em relação a essas pessoas.

Como afirmei, não somos ensinados a falar sobre alguns sentimentos negativos. No lugar disso, somos doutrinados a negá-los, a vê-los como pecados comportamentais indignos de perdão; o que, a meu ver, torna mais difícil entender, eliminar ou equilibrar.

A inveja, além de tabu, é colocada como um sentimento proibido – até pecaminoso, segundo a perspectiva religiosa – e sob o ponto de vista social, quem a sente deve se envergonhar.

Acontece que faz parte da natureza humana ter contato com os sentimentos nobres e com os negativos ou nocivos. Sentir esses últimos não faz de ninguém uma aberração e tampouco é motivo de constrangimento.

Por mais que as pessoas neguem esses sentimentos, em algum momento da vida já os experimentaram ou poderão sentir, uma vez que não existe perfeição na natureza humana.

A fórmula da transformação

Reafirmando, o núcleo da questão não é o que sentimos, mas o que faremos para eliminar o que tem sido prejudicial a nós e aos outros com quem convivemos.

"No xadrez das escolhas, só pode fazer o movimento de eliminar o sentimento indesejado quem tiver a coragem de enfrentar e nominar os seus fantasmas, que, não raro, assombram durante toda a vida."

Francisco foi um desses corajosos que preferiu a dor da superação a ficar na mesmice de resultados pouco ou nada satisfatórios.

Foi determinante identificar o que o invejava nestas três pessoas: chefe, colega de trabalho e esposa. Conforme Francisco enxergava o labor de cada um, os três trabalhavam pouco e ganhavam o mesmo ou mais do que ele. E na verdade, era tudo o que ele gostaria: ter mais tempo livre e trabalhar menos.

O CÓDIGO

O seu chefe, como é a função de toda liderança, estava lá, na maior parte do tempo, para gerenciar, e não para executar o serviço. Mas isso era visto de forma distorcida pelo meu cliente, como se o chefe pouco trabalhasse. Francisco não levava em consideração toda a responsabilidade e as demais atividades estratégicas de um líder.

Quanto ao colega dele, apesar de pertencer ao mesmo setor, possuía função diferente. Suas atividades eram sazonais durante o dia. Havia momentos em que ficava bastante atarefado e em outros, seu trabalho registrava certa ociosidade.

Para concluir, a esposa havia passado em um concurso público e cumpria a jornada de meio período. Ou, aos olhos de Francisco, "trabalhava menos do que ele".

Assim que entramos profundamente na etapa analisar, primeiramente Francisco passou a entender que atividades e quantidades diferentes de trabalho não necessariamente significam produzir ou trabalhar menos.

O maior progresso do cliente ocorreu enquanto investigávamos um pouco de seu passado, pois descobrimos a raiz desse sentimento tão destrutivo.

Quando perguntei por qual motivo a questão do trabalho o incomodava e se havia presenciado alguém próxi-

A fórmula da transformação

mo ou alguma situação em que percebia diferenças entre pessoas que trabalhavam muito e outras pouco, ou qualquer injustiça relacionada a essa questão, Francisco balançou firmemente a cabeça, afirmando que sim e relatou, angustiado, um pedaço de sua infância e adolescência.

— O meu pai, do tipo "bon vivant", foi sustentado por meus avós enquanto permaneceram vivos. E por ocasião do falecimento, ainda deixaram um certo conforto. Porém, como nunca se dedicou a um trabalho e estava sempre mudando de emprego, com o tempo gastou todo o dinheiro herdado. Isso fez com que eu precisasse começar a trabalhar aos 13 anos, para ajudar no sustento da casa, pois tinha duas irmãs bem mais novas e somente o trabalho de minha mãe era insuficiente para prover a família.

Foi nesse período que se iniciou toda a revolta de Francisco em relação a trabalho e responsabilidades. Apesar de atuar com muita dedicação e cumprir as obrigações, o sentimento de inconformismo tomou conta de seu ser. À época, queria brincar com os amigos, ter tempo para estudar, namorar ou simplesmente não fazer nada, como deveria ser próprio de sua idade, mas não podia. Tinha que trabalhar e assumir o papel que seu pai deixara por fazer.

O CÓDIGO

Quando tudo isso ficou bem claro na cabeça de Francisco, ele entendeu que essa situação do passado, ou melhor, os sentimentos mal resolvidos e dela advindos, se arrastaram para o presente e por isso, meu cliente projetava nas pessoas o comportamento de seu pai, revivendo a sensação de ser injustiçado.

Francisco compreendeu que essas pessoas eram bem diferentes de seu pai e que a semelhança com o passado se dava apenas pela tradução de seu olhar e seus sentimentos, simplesmente porque esse passado estava mais presente dentro dele do que deveria.

Em seguida, entendeu que a inveja era originária de sua vontade de menino, no sentido de abandonar as obrigações e fazer o que seria típico de seus 13 anos.

Ao juntar todas essas peças, Francisco deu o próximo passo rumo à superação de sentimentos limitantes que há muito tempo o acompanhavam e pôde conferir algo:

"Todo sentimento abrigado em nosso coração, seja bom ou ruim, agregador ou limitante, existe por um histórico e vivencial motivo."

A fórmula da transformação

Francisco levou isso em consideração assim que decidiu "tirar a venda dos olhos da consciência." E, por isso, conseguiu observar, verdadeiramente, o que ocorria dentro de si. Essa compreensão ampla a respeito da vida e da jornada que encaramos em busca de felicidade, faz com que possamos verificar e escolher, dentre aquilo que um dia nos pertenceu, o que realmente vale a pena continuar nos acompanhando e o que deve ser deixado para trás.

A experiência de Francisco nos mostra (e prova) que sentir inveja não torna ninguém uma pessoa má. Muitas vezes, a sensação de injustiça adormecida nos recônditos do inconsciente pode ser suficiente para ditar o rumo de uma vida inteira. Felizmente, Francisco percebeu em tempo hábil e deu um novo norte à sua vida. O que me leva a questionar você, caro leitor:

Como seria a vida de todos que vivenciam a mesma situação, se permitissem que O Código T decifrasse a origem desses sentimentos negativos?

Eis mais uma razão que me fez trazer à luz a metodologia. Ao observar e analisar, não há ninguém que prefira viver refém desses sentimentos nada promissores e o exercício de transformar, portanto, passa a ser não só o terceiro e definitivo passo da metodologia, mas o fruto de um profundo e consciente desejo íntimo, pois nascemos para evoluir.

O CÓDIGO

Decifração analítica 5

Foi o que fez Andrade. Você provavelmente se lembra desse meu querido cliente, que me procurou para lidar com procrastinação e insegurança.

Andrade decidiu rumar profundamente ao entendimento do que lhe causava tanta insegurança e, por consequência, tardava suas decisões e ações, prejudicando o seu desempenho como líder.

Perguntei se conseguia lembrar de como os pais conduziram a sua criação, se havia falas, olhares ou qualquer outro evento que o desencorajasse ou despertasse insegurança, ou ainda que o fizesse duvidar da própria capacidade.

— Justamente o contrário. Sempre fui incentivado a ser independente. Em momento algum, me senti superprotegido. Os meus pais eram bastante presentes e ofereciam palavras de incentivo, principalmente quando eu enfrentava situações desafiadoras, o que era até comum, pois fui bastante ativo e agitado durante a infância e adolescência.

Eliminada a relação de insegurança pela educação recebida dos pais, nossa investigação migrou para os demais contextos e relações sociais.

Andrade foi orientado a buscar em sua memória um momento, uma situação em que tivesse se sentido

A fórmula da transformação

inseguro ou simplesmente duvidado de sua capacidade. Pedi para que voltasse um pouco em sua memorialista linha do tempo, levando em consideração a escola, os amigos, seus diversos relacionamentos e atuações.

Com os olhos parados em algum ponto invisível, como quem busca as respostas que podem ajudar a transformar o presente e, mais ainda, o futuro, Andrade suspirou fundo e respondeu:

— Sabe, acredito que não só uma situação específica, mas um somatório de várias situações semelhantes. Sinto que um filme está se passando em minha cabeça. Vejo-me agitado e apressado. Na escola, entrego as provas rápido demais e nem sempre tiro boas notas. Estou sempre com pressa para acabar e nem leio as questões com atenção. Ouço constantemente dos professores: "você tem tanta pressa que acaba errando".

— E você pode aprofundar essas memórias, buscar mais detalhes? – perguntei.

Ele pensou mais um pouquinho e embarcou na imersão ao passado:

— Essas falas dos professores me acompanharam até mesmo em atividades extracurriculares. Eu acabava cometendo algum erro ou esquecia mesmo, por conta da minha

O CÓDIGO

agitação. Fico até surpreso por me lembrar dessas coisas. Isso que eu fazia é o oposto do que sou hoje. Não sei dizer em que momento deixei de ser como era, apenas me lembro de ter ingressado na faculdade já agindo como sou: de forma mais calma, embora com muita morosidade nas ações.

Após diversas interações da etapa analisar, todas essas informações a respeito de sua história de vida vieram à luz, e Andrade compreendeu que a insegurança e o medo de errar o levavam a agir de maneira lenta e procrastinadora, e que a origem se deu com essas experiências da infância e da adolescência.

— Com o passar do tempo, realmente comecei a duvidar de minha capacidade e isso só aumentou! – concluiu, Andrade, feliz por se observar, analisar e entender.

Toda essa compreensão foi crucial para que Andrade mergulhasse na próxima etapa e pudesse superar esses sentimentos limitantes que afetavam, principalmente, suas ações e resultados no âmbito profissional.

A nós, fica o aprendizado interessante acerca da experiência de Andrade. As decisões negativas de ontem, que incluíram ansiedade, insegurança, excesso de medo, procrastinação e tantos outros sentimentos, se repetidos ao longo da caminhada, tendem a migrar até a fase adulta. Desapegar-se dessas questões é possível, desde que se pague o preço assumido por Andrade.

A fórmula da transformação

"Mergulhar no passado e emergir com as respostas. Ou guardar para sempre a roupa emocional de mergulho. No fim, ambas as ações representam uma escolha que só você pode fazer."

Decifração analítica 6

Ao passar pela etapa analisar, Neiva, aquela cliente que se incomodava com a velocidade de ação dos semelhantes e com o novo colaborador que entrava na empresa, pôde entender que a junção de um histórico familiar e profissional explicava o seu comportamento agitado e, por consequência, a implicância com o novo colaborador que iniciara em seu setor, já que o rapaz atuava com mais lentidão e cautela.

O CÓDIGO T

No mergulho de Neiva, ela foi incumbida de identificar se havia em sua família alguém agitado, apressado, que poderia ter sido sua referência de "ensino".

Não demorou nada e ela encontrou:

— Sem dúvida, minha mãe. Cresci ouvindo-a dizer: "agiliza, menina". Sempre fui cobrada por agilidade, tanto nas tarefas da escola, quanto nas atividades da casa.

Somente com essas informações já seria possível entender os motivos que levavam Neiva a implicar com alguém que funcionava como o oposto dela. E continuou:

— Não parou por aí, Alexandra. Agora me lembro de algo que também marcou época, em relação a encontrar pessoas com ritmos diferentes do meu. Aconteceu em um dos meus primeiros empregos, logo após concluir a graduação. A gerente da empresa dividiu a realização de um grande projeto entre mim e outra colaboradora. Para atender ao prazo de conclusão do projeto, por alguns dias, me desdobrei e fiquei horas após o expediente. Mas, a minha colega não produziu o suficiente e a lentidão dela resultou em atraso na entrega. Não muito; apenas um dia, mas ambas foram chamadas na sala da gerente e ouviram críticas severas, apontando que não estavam aproveitando a oportunidade de

A fórmula da transformação

emprego na área, uma vez que eram recém-formadas. Para mim, que era perfeccionista, comprometida e levava bem a sério o cumprimento de prazos, o ocorrido despertou em mim muita raiva. Estava inconformada com a lentidão da colega. Aliás, para mim, continuar a ver o rosto e compartilhar o mesmo espaço com essa colega exigiu um grande esforço pessoal.

Assim que concluiu toda a história, ficou claro para Neiva que havia aprendido com sua mãe a ser ágil, cobrada constantemente para que se tornasse assim. Não obstante, em sua primeira e importante experiência profissional, sofreu as consequências negativas de ter pelo caminho sua convivência, alguém com ritmo bem diferente do seu. As informações foram suficientes para Neiva entender que a sua atual implicância com o novo colega de trabalho derivava de todo esse contexto e que, no fundo, nada existia de pessoal. Ele apenas remetia à lembrança de pessoas e circunstâncias que resultaram em experiência marcante e negativa.

Avançar para a etapa seguinte e transformar o relacionamento com esse novo colaborador tornaram-se bem mais fácil, aliás, segundo ela, pessoas com ritmos diferentes do seu já não incomodavam mais como antes.

O CÓDIGO

A nós, fica a inequívoca lição: devemos entender que cada pessoa tem o seu tempo e a velocidade alheia não pode ser o único fator a se levar em conta sobre a qualidade de seus feitos. No ambiente corporativo, por exemplo, os bons líderes contemporâneos são aqueles que colocam cada colaborador em determinada função, de acordo com as competências, habilidades, atitudes e, é claro, a velocidade que o setor precisa.

"Se a velocidade e a qualidade fossem indissociáveis, o mundo seria veloz e chato. Permita-se considerar com carinho a quem não tem a mesma velocidade que a sua."

A fórmula da transformação

Decifração analítica 7

E o que dizer da situação de Jussara, a supervisora de uma multinacional que descobriu a necessidade de melhorar a forma como cobrava a sua equipe, em busca de melhores resultados?

Jussara precisava ainda lidar com o sentimento de irritação que dificultava a sua comunicação assertiva, pois como a própria cliente relatou, "tarefa dada deveria ser tarefa cumprida". A etapa analisar foi fundamental para compreender o motivo dessa irritação e administrá-la, de modo a não limitar suas ações.

Eu relembrei à Jussara de sua fala anterior, "desde criança fui rigorosa no cumprimento de regras" e fiz as primeiras perguntas necessárias para dar início a essa fase da metodologia. Perguntei com quem aprendeu a ser assim, se havia alguém em sua família que a tivesse influenciado a pensar e agir dessa forma.

Jussara refletiu e respondeu:

— Meu pai foi assim e se dedicou, enquanto vivo, a ensinar e cobrar arduamente dos filhos, para que fossem e fizessem da mesma forma. Além das broncas, castigos e alguns "safanões" que também eram constantes.

A relação entre "como ela era atualmente" e o jeitão de seu pai não fazia muito sentido a Jussara, uma vez

O CÓDIGO

que presenciou o irmão caçula se tornar exatamente o oposto, alguém com muita dificuldade de seguir as regras, tanto na época de estudante, quanto em sua trajetória profissional.

Jussara questionava o seguinte: se a sua rigorosidade em relação a regras vinha da influência e dos ensinamentos do pai, seu irmão, em tese, também deveria ser semelhante a ela, e isso não ocorria.

Eu a acalmei:

— Jussara, primeiramente, cada um de nós assimila, interpreta e sente os fatos e modelos à nossa volta de forma diferente, e quando buscamos a nossa melhor maneira de ser e agir com os familiares ou as demais pessoas e situações relacionadas ao convívio social, devemos compreender que essa relação precisa ir além da fórmula "toma lá, dá cá" ou "ele age assim porque o outro agia assim com ele". Essa relação pode envolver o que é assimilado como certo, como as marcas deixadas, o custo de ter convivido com o outro e até a qualidade desse relacionamento.

Para ficar mais claro, utilizei o próprio contexto para exemplificar e a provoquei:

— Muitos, em sua situação, pensariam que essa irritação com todos que têm dificuldade de cumprir as regras, provavelmente seria advinda da forma rigorosa assimila-

A fórmula da transformação

da pelo jeito e pelas falas de seu pai, como se ainda fosse a criança que, se descumprisse a ordem, poderia sofrer algum tipo de punição. Já o seu irmão pode, ao contrário, por ter sofrido com o jeito rigoroso de seu pai, ter optado justamente por ser o oposto e, de alguma forma, se sentir mais livre, menos pressionado ou até mesmo provar que existem modos diferentes de agir. Porém, devo destacar que são só suposições. Primeiro, porque não conheço o seu irmão e ele não é alvo de nossa análise e, segundo, porque o exercício de analisar, até que você compreenda exatamente as motivações das nossas ações limitantes, passa por suposições, questionamentos e divagações.

> "Além da combinação entre origem familiar, ambiente de convívio, caráter e outros fatores, somos também, muitas vezes, frutos de escolhas inexplicáveis aos outros, mas compreensíveis para nós."

O CÓDIGO T

Quando terminei de concluir o raciocínio, Jussara ofereceu sua percepção.

— O que você disse fez todo o sentido. Sempre obedeci ao meu pai, por medo e porque no fundo, tinha vontade, às vezes, de ser diferente e ter a coragem de agir como o meu irmão, apenas para sentir como seria, embora eu acredite que o fato de cumprir rigorosamente regras e tarefas me ajudou muito a encontrar o sucesso profissional. Mas, o meu irmão realmente sofreu demais na infância e adolescência, pois era inconformado com a exagerada cobrança e parecia fazer de tudo para testar ou provocar as atitudes do pai.

Aproveitei a chance e devolvi com outra reflexão.

— Jussara, e se a irritação com os seus colaboradores, por não cumprirem regras ou tarefas da forma como você espera, ocorre porque você fica inconformada com o fato de essas pessoas serem diferentes de você, da criança obediente que se tornou uma adulta responsável e comprometida ou, no fundo, porque nutre uma quase inconfessável "vontadezinha" de ser, como eles, um pouco mais descompromissada?

Não sei ao certo se o olhar que ela lançou a mim foi de raiva ou gratidão. Pelo que consegui decifrar, uma mistura dos dois. Em seguida, ela respirou fundo e desabafou.

A fórmula da transformação

— Caramba, Alexandra, você é fogo. Vai até chegar lá no fundo. Acredito que ambos os motivos. Provavelmente, me irrito por serem diferentes de mim. E vou confessar que fico inconformada com essa diferença e, ao mesmo tempo, indignada por nunca ter conseguido ser mais leve e menos compromissada com as coisas.

Foi a minha deixa para pavimentar a ponte por onde ela passaria até alcançar sua transformação.

— Jussara, as perguntas que elaboro e as sondagens que ofereço são partes da mesma metodologia. O objetivo de analisar é, por meio do método socrático[1], levar as pessoas a realmente compreenderem a razão e a motivação dos seus sentimentos. Por consequência, de suas ações.

Vale destacar, leitor(a): tenho oferecido a você, em detalhes, como a forma que eu conduzo a utilização dessa metodologia com os meus clientes pode e deve ser modelada, para que cada pessoa consiga aplicar em si os benefícios O Código T. Aliás, é o objetivo dessa obra; mostrar que podemos superar e transformar ações e sentimentos limitantes em promissores, desde que passemos a agir de forma mais reflexiva,

---

1 Método socrático: é uma técnica de investigação filosófica feita em diálogo, que consiste em o professor conduzir o aluno a um processo de reflexão e descoberta dos próprios valores.

O CÓDIGO

nos observando, analisando e desligando o piloto automático, na maioria das vezes causador de prejuízos, dada a maneira impulsiva com que nos conduz.

A conclusão dessa fase foi reveladora para Jussara e possibilitou que na seguinte, a transformação ocorresse de forma rápida e natural.

A nós, uma valiosa reflexão também se eterniza como aprendizado: muito líder falha porque em vez de estimular as melhores características do colaborador, procura fazer com que ele desenvolva "as suas" melhores características. O caminho ideal é tornar as pessoas versáteis e reunir talentos. Na contramão, o pior erro é tentar "robotizar" o ser humano e fazê-lo agir exatamente como age o líder.

"Como líder, inspire através do que você tem de melhor, para que as pessoas possam modelar essas qualidades. Mas, não empurre essas virtudes goela abaixo."

A fórmula da transformação

Decifração analítica 8
Para Joana, cujo objetivo era trabalhar a leveza em seu papel de mãe, dentre outros comportamentos, chegava uma nova fase. Durante a etapa observar, recuperou a vontade e a disposição para brincar com as filhas. Mas, ainda lhe faltava paciência...

A etapa analisar trouxe os elementos suficientes para que pudesse entender por qual motivo agia assim.

Pedi para que ela começasse dividindo o que lembrava da infância, que falasse um pouco de como era a relação com os pais.

— Não há do que reclamar. Sempre me senti muito cuidada e amada, apesar do excesso de trabalho de ambos. Meu pai era representante de vendas e viajava constantemente a outras regiões. Minha mãe era professora. Durante alguns dias da semana, trabalhava nos períodos manhã, tarde e noite.

Joana fez uma pausa, mergulhando na perspectiva memorialista, e continuou.

— Na maior parte do tempo, eu e meus irmãos ficávamos com a avó. A despeito de sua avançada idade, ainda arrumava energia para cuidar de três crianças e

O CÓDIGO

dos afazeres da casa. Eu me lembro de minha mãe saindo para trabalhar, deixando todas as orientações para a avó: horário de refeições, tarefas, remédios (se necessário): tudo organizado e planejado. Ela cuidava da gente, mesmo ausente. – afirmou a minha cliente.

Continuei os questionamentos.

— Joana, e quando estavam com os seus pais, em algumas noites ou fins de semana, como era?

— Como a minha mãe quase não ficava em casa, quando não ministrava aulas, acabava investindo a maior parte do tempo nos afazeres domésticos e administrando o que a avó tinha feito; verificando tarefas e deveres. Dedicava-se ainda a deixar tudo na mais completa ordem, afinal eram três crianças com pouca diferença de idade. Quanto ao meu pai, até ajudava bastante a minha mãe, embora quando chegasse de viagem, por vezes estava tão cansado que simplesmente deitava no sofá e ficava horas assistindo à TV.

Quando Joana terminou o relato resumido de sua infância, o silêncio pairou no atendimento. Ela me olhou fixamente por alguns segundos e concluiu.

— Pronto, está explicado. De modo sistêmico, acabei "me tornando os meus pais e minha avó": sempre atarefada e sem tempo para priorizar as prazerosas brincadeiras com as minhas filhas!

A fórmula da transformação

Agora que ela estava consciente e que O Código T estava definitivamente decifrado, acrescentei:

— Nem sempre conseguimos dar aquilo que não tivemos. Esse foi o modelo de pais que você teve e incorporou, mas não podemos desmerecer todo o papel deles, que foram batalhadores e dedicados, que se desdobraram para dar o melhor de si no trabalho e em casa.

Joana sorriu, visivelmente feliz e arrematou.

— Olha, Alexandra, agora posso concluir que vem daí essa falta de paciência para passar um tempo simplesmente participando das brincadeiras das filhas: eu não acreditava que isso era importante e concentrava toda a minha energia naquilo que considerava primordial, cuidar de todo o desenvolvimento saudável e seguro de uma criança.

Foi concluindo essa fase que Joana avançou, emocionada, para a etapa transformar, agora flexível para transcender seus comportamentos, que a partir dessa descoberta não lhe cabiam mais.

A todos nós, uma valiosa aprendizagem se faz valer. Quantas famílias transferem as prazerosas horas de lazer com as crianças para os avós ou as babás, sob o pretexto (justo, diga-se) de que precisam trabalhar?

Ocorre que sempre precisaremos trabalhar e como não há outro jeito, devemos aprender a praticar uma

O CÓDIGO T

boa gestão do tempo e reservar espaços não apenas para educar e garantir a melhor vida aos nossos, mas fazer parte do dia a dia dessa melhor vida; o que inclui, sem dúvida, brincar com os pequenos.

"Se temos por certo que o adulto de amanhã é fruto da observação paterna e materna de hoje, devemos nos dar conta de que teorizar educação é para os professores. Em casa, é com exemplo prático que formamos os nossos sucessores."

Decifração analítica 9

Em nome da congruência de oferecer uma metodologia testada também em mim e por mim, vou relatar o que encontrei nessa etapa O Código T.

A fórmula da transformação

Como relatei, entendi o incômodo dos meus 25 anos, estampado no olhar da diretora da escola onde fui coordenadora, bem como no olhar de todas as mulheres mais velhas do que eu, com seus olhares semelhantes e penetrantes. De algum modo, esses olhares lembravam como a minha mãe me olhava e mergulhei profundamente nessa fase, até emergir com incríveis respostas que me ajudaram a lidar com a situação de modo natural. Essas respostas foram fundamentais para resolver as diferenças com a minha mãe. Não diferente dos pais de Joana, minha mãe foi excelente cuidadora, sempre zelando para que tivéssemos educação exemplar e desenvolvimento saudável. Porém, carinhos gratuitos ou demonstrações de afeto e toque não eram o seu forte. Nesse quesito, contávamos mais com o nosso pai, um homem que gostava de demonstrar genuinamente todo o seu afeto.

A interpretação que tive de minha mãe, por ocasião da infância, se estendeu na fase adulta; uma mulher bem séria que não apreciava muita brincadeira ou "chamego". Notem que usei a palavra interpretação e isso é muito importante quando avançarmos para a terceira fase da metodologia: transformar – aonde vamos entender que boa parte das diferenças com os outros tem origem em nossa forma de interpretar as ações

O CÓDIGO

dos outros. Se perguntarem aos meus três irmãos como a minha mãe era, respostas diversificadas surgirão. E então paira a dúvida: ela foi diferente comigo e com os que concordam com essa minha versão, em comparação com os que a enxergam de outra forma? Penso que jamais saberemos e que, no fundo, pode até ser a mistura das duas coisas, então o que importa mesmo é que assim eu a vi e assimilei. Então, em cima dessa percepção da fase analisar se fará possível compreender exatamente o que ocorreu aqui, bem dentro de mim.

Voltando até alguns anos, me lembro de ser muito diferente de minha mãe, o que ocasionava constantes repreensões. Ela, extremamente organizada e eu, provavelmente pelo déficit de atenção, tinha muita dificuldade para me organizar. Frequentemente, perdia as coisas, deixava toalhas molhadas sobre a cama e sentava em cima sem ao menos notar, afinal minha cabeça estava sempre viajando em outro momento que não fosse o presente. E claro, naquela época, não se abordava, ou se sabia profundamente os efeitos do TDA. Não faz muito tempo que os estudos foram avançando a respeito desses assuntos.

Para a minha mãe, eu era apenas uma menina desligada e desleixada, mas não podemos julgá-la. Faltava a ela os conhecimentos que hoje temos em abundância.

A fórmula da transformação

E não apenas no quesito organização éramos diferentes. Tínhamos maneiras de agir e interagir distintas. Eu, impulsiva demais na demonstração dos sentimentos, principalmente os negativos. Ela, mais racional e reservada.

Essas diferenças resultavam em constantes brigas entre nós duas. Eu ficava com a sensação de que nada que fizesse agradaria a minha mãe. Sentia que estava sempre errando, que jamais conseguiria chegar ao que ela esperava de mim.

Eu percebia nela uma mulher muito séria e acabava interpretando, dentro de mim, o seu olhar, sob a contemplação de alguém que estava apontando as falhas e erros que eu nem sabia se ou onde havia cometido.

Toda essa interpretação da maneira como a minha mãe me olhava fez com que eu arrastasse os sentimentos da infância e adolescência até os relacionamentos em que olhares semelhantes aos dela estavam presentes.

Quando passava por situações que me remetiam ao passado, entendi que era acionado o sentimento de repreensão, de que estava fazendo algo errado, "contrariando minha mãe".

Reforço: quando não resolvemos aquilo que se passou, acabamos arrastando a questão para outros tempos, dificultando nossos relacionamentos e resultados.

O CÓDIGO

Compreender tudo isso foi crucial para avançar e transformar não só a minha assimilação dos olhares semelhantes aos de minha mãe, mas principalmente a nossa relação. Pois é; incontáveis são os ganhos de quem tem a coragem de ir em direção a si.

Algo muito importante que merece ser destacado a respeito desse passo analisar é o fato de que muitas mudanças internas podem ser doloridas, pois mexem com feridas aparentemente bem cicatrizadas (ou situações, relacionamentos) que ficaram mal elaboradas ou resolvidas dentro de nós e, como a mente tem o papel de nos proteger, pode simplesmente bloquear as informações necessárias dessa fase.

Não é raro, em meus atendimentos, levar a pessoa até a etapa analisar, mesmo com todas as perguntas utilizadas para que as respostas apareçam, e ela insistir que não se lembra de ter relação entre o comportamento que está em questão para ser modificado e o seu passado, as suas experiências, ou o modelo de pais e cuidadores.

Nesse caso, é importantíssimo que tenha paciência, converse consigo, afirme para a sua mente que essas informações são importantes a você. Procure, em um momento a sós, e em silêncio, deslizar pela linha do tempo, mergulhar no oceano da infância e da adolescência, até

A fórmula da transformação

chegar à fase atual. Sem pressa, ou cobrança, certamente a resposta virá quando você estiver preparado para tê-la.

> **"O cérebro, protetor máximo do bem-estar, só permite que a grande resposta apareça quando a pessoa está pronta para lidar com ela e seus efeitos colaterais."**

Além da paciência, modificar um comportamento, uma forma de agir, um hábito, são ações que preveem persistência.

Ninguém tem mais poder para boicotar você do que você. É isso mesmo. Você é a pessoa mais poderosa do planeta para se boicotar. Por isso, a maioria prefere sofrer as consequências de seus atos e por vezes reclamar desses atos, a mergulhar profundamente na própria inconsciência, enfrentar seus "fantasmas", suas feridas e voltar de lá, com o triunfo sob o formato de soluções.

O CÓDIGO

Em algum momento da caminhada, ao se encontrar assim ou presenciar pessoas à nossa volta que agem dessa forma, fugindo de encarar o que precisa ser encarado, é importantíssimo deixar de lado o julgamento e entender que cada um tem o seu momento, e nem todos estão preparados para mexer debaixo de seu tapete, onde talvez tenha escondido algo há anos ou décadas.

Quando se trata especificamente de nós, precisamos apenas saber que se não estivermos preparados, deveremos assumir o custo de continuar a ser como somos, aceitar e não procurar fatores externos (pessoas, situações) para justificar nossos comportamentos e resultados.

É direito do ser humano não querer ou não se sentir pronto para superar algo que está atrapalhando, mas é preciso ter a consciência de que os eventuais prejuízos são frutos dessa escolha, e não do azar, do destino ou da culpa de outras pessoas.

Decifração analítica 10

Romualdo, meu cliente, deixou de ser vítima e passou a protagonizar a sua história. Resolveu ter a coragem de enfrentar-se e iniciar uma nova maneira de ser e agir. Disposto a encarar e resolver sua mania de deixar as coisas para amanhã, quando entramos na etapa analisar, o foco

A fórmula da transformação

foi compreender o motivo que o deixava inseguro para agir ou tomar decisões. Concentramo-nos em encontrar a origem desse sentimento. E assim o fizemos.

Romualdo foi orientado a mergulhar no passado da infância, dos pais, de sua criação. O Código T desvendaria se eventuais opiniões, falas ou posturas, encorajaram ou podaram os infantes desafios de meu cliente.

Ao sondar se percebia em seus pais comportamentos inseguros ou ações de quem tinha coragem de enfrentar os acontecimentos variados da vida, fomos em frente.

Perceba que a primeira sondagem dessa etapa analisar, que compõe a tríade da metodologia, sempre começa por considerar a relação com pais e cuidadores, pois aquilo que ficou de alguma forma "arranhado" dentro de nós e pode influenciar comportamentos limitantes, tem origem nessa relação ou naquelas que envolvem contextos sociais variados: amigos, escola, trabalho, parentes etc.

Descartamos a influência dos pais de Romualdo em seu sentimento de insegurança que o levava, no presente, a procrastinar. Seu relato foi conciso:

— Sou de origem bem simples. Meus pais foram pessoas batalhadoras que, desde cedo, trabalhavam e lutavam muito para vencer na vida. Tiveram quatro filhos e sou o

O CÓDIGO

terceiro desses quatro. Para ajudar no sustento, todos começaram a trabalhar precocemente. Não cabia medo ou insegurança. Naquela família, só havia o sentimento de que era preciso se mexer para sobreviver.

— E você sempre agiu assim, Romualdo, procrastinando ações e decisões, ou teve um momento específico e desde então, passou a incorporar essa forma de agir? – indaguei.

— Comecei a trabalhar muito cedo. Não tinha a percepção de que era assim e se eu era, ninguém reclamava. Nunca tive problemas nessa época. Até que...

O cliente parou, olhando para o alto, como a resgatar uma memória. Romualdo prosseguiu:

— Acabo de me lembrar que comecei a ter problemas quando conquistei um cargo dotado de maiores responsabilidades. A partir daí, passei a ser cobrado com uma certa constância para que agilizasse minhas decisões.

— Como foi a conquista desse cargo e o que você se lembra da época em que o assumiu?

Romualdo resumiu.

— Trabalhava em uma empresa como o "faz-tudo". Passava parte do tempo na rua. Ia ao banco, papelaria, correios e aonde precisasse, para atender às demandas da empresa.

A fórmula da transformação

Era sempre aquela figura solicitada para reparos prediais ou qualquer atividade que precisasse de apoio. Fiquei nessa função por uns dois anos. Mais ou menos aos 20 anos de idade, fui promovido a auxiliar financeiro, uma conquista na época. Na ocasião, tive um supervisor muito bom, que me reconhecia e apoiava o meu desenvolvimento.

Tomou um gole de água e continuou:

— A minha alegria durou pouco, Alexandra. Um mês após a promoção, esse supervisor se desligou e foi viver outra oportunidade. De comportamento bem distinto, muito rude, o supervisor substituto tinha pouca paciência para ensinar e de sua boca só saía cobrança. Elogios ou quaisquer apontamentos positivos não existiam em seu vocabulário. Lembro-me que, um dia, fui literalmente esculachado na frente dos colegas, por um erro que cometi em um dos relatórios entregues a ele. Nunca me senti tão humilhado como naquele dia. – relatou Romualdo, parecendo reviver, em seu semblante, a dor daquele dia.

Quando terminou a narrativa, nem precisei pontuar mais nada. Ele mesmo, após alguns segundos de silêncio, me questionou, ao mesmo tempo em que afirmava:

— Achamos. Não é?

Respirou com profundidade e continuou.

O CÓDIGO

— Além desse dia, Alexandra, esse supervisor me tratou assim durante os três anos que permaneci na empresa. Passei a ter medo de errar e agora está tudo claro: é por isso que hoje procrastino as minhas tarefas.

— É o que você acredita? Realmente foi a partir daí que adotou o comportamento procrastinador e inseguro?

— Não tenho nenhuma dúvida. Só me dei conta disso agora, durante o atendimento, enquanto contava um pouco do meu passado.

Era a minha deixa para ajudá-lo a assumir uma nova vida.

— Isso é normal. Passamos por muitas situações, ouvimos opiniões e presenciamos atitudes que podem marcar uma vida inteira. Na maioria das vezes, não conseguimos perceber como podem influenciar a nossa forma de ser e agir, pois nem sempre temos o hábito de refletir sobre a nossa história, nossos atos e as respectivas origens. De alguma forma, parece que nos acostumamos a acreditar que "somos assim", que é nossa forma de funcionar e pronto.

Exatamente por isso, o ideal é que essa metodologia seja inserida constantemente em nossos dias. Se a adotarmos cada vez que percebermos um comportamento limitante ou uma situação que nos abale, com o tempo

A fórmula da transformação

vamos superá-lo, evoluiremos cada vez mais e nos aproximaremos de resultados melhores. Foi o que ocorreu com Romualdo. Todas as informações adquiridas nessa fase se mostraram imprescindíveis para que passasse à próxima e superasse sentimentos que o levavam a comportamentos indesejáveis nos âmbitos pessoal e profissional.

> **"Sem a capacidade de analisar a história pessoal e os fatos do passado, o presente poder de ação e decisão será mera consequência das circunstâncias, da sorte ou do azar."**

Assim deve ser o exercício de analisar; um intimista momento em que mergulhamos a fundo para buscar informações capazes de explicar a origem dos atos e sentimentos.

O CÓDIGO T

Mais de uma vez, pode perceber, utilizei a expressão "explicar", e não "justificar". A metodologia O Código T busca explicações, e não justificativas, uma vez que as primeiras nos levam ao entendimento que pode libertar, e as segundas paralisam, pois colocam em fatores externos a "culpa" daquilo que nos deixa insatisfeitos.

Adotado esse movimento de transferir responsabilidade, qualquer transformação é inviável ou até impossível. Afinal, o único território que realmente podemos entrar, mexer, rever e modificar é o nosso. Quando entendemos isso, todo o resto acaba gerando pouca ou nenhuma influência e importância, uma vez que vamos nos tornando cada vez mais aptos e fortes a enfrentar o que a vida, por vezes, nos apresenta.

Devidamente cumprida a etapa analisar, podemos avançar até a última fase da metodologia: o tão esperado transformar.

Assim como ofereci na etapa observar, agora vou presentear você com um breve roteiro a ser aplicado durante a fase analisar:

Sugiro que comece pelo item 2, caso esteja claro o que identificou no primeiro passo.

1) Caso ainda tenha dúvidas em relação ao sentimento negativo que dá origem ao comportamento,

A fórmula da transformação

à ação ou reação que pretende mudar, complemente com as seguintes perguntas:

• O que as situações que despertam emoções negativas e os sentimentos identificados no estágio observar têm em comum?

• Qual é exatamente o primeiro sentimento despertado a partir dessas situações?

2 – Com base na resposta encontrada durante a etapa observar, responda:

• Quem agia dessa forma?

• Com quem aprendeu a agir assim?

• Já ouviu, viu ou vivenciou algo semelhante?

• Em caso de resposta positiva, de quem viu e ouviu, ou com quem vivenciou?

• Comece a elaborar essas perguntas pensando em sua relação com os pais ou cuidadores. Caso perceba que as respostas não vieram desse contexto, refaça-as pensando nos demais contextos sociais; escola, amigos, trabalho etc.

Você vai perceber que a liberdade gerada por observar e analisar é poderosa o suficiente para conduzi-lo com naturalidade ao necessário exercício de transformar, oceano em que vamos mergulhar a partir de agora, pois O Código T está em vias de colocar em seu colo a principal solução...

O CÓDIGO T

3º Passo: transformar

Último e indissociável passo da metodologia O Código T, e também a etapa que inspirou o "batismo" da metodologia que defendo na obra ("T" de "transformar"), é uma mistura de consequência e benefício das fases anteriores; observar e analisar, juntamente com a escolha pessoal, ou seja, transformar um sentimento ou comportamento indesejado, que tem limitado os resultados. O requisito principal é simples: identificamos, entendemos a origem e escolhemos por seguir, no presente, nos libertar das amarras do passado, até construir um novo e transformado futuro. Isso significa que a metodologia O Código T possui força de atuação praticamente atemporal, no seguinte sentido metafórico:

1. Investigação do passado que talvez tenha deixado pesadelos – observar;

2. Avaliação do presente em que se consegue dormir em paz com as escolhas – analisar;

3. Preparação para o futuro dos sonhos – transformar.

Certamente, com as dicas e reflexões abordadas nesse trecho, será mais fácil conseguir a sua transformação. Porém é preciso deixar claro que, antes de mais nada, é uma opção. Portanto, caso o leitor não a queira, ou melhor, não esteja preparado para seguir em frente e se transformar, ficará estagnado na fase anterior. Não é bom e nem ruim. Mais

A fórmula da transformação

uma vez, afirmo: é uma escolha. Mas obviamente, torço para que você vá com tudo nessa etapa crucial!

Algumas premissas são fundamentais para mergulhar fundo nesse intenso e belo processo de transformação. Agora é o momento de superar e transcender o que tanto tem limitado nossas ações e resultados. Utilizaremos a ressignificação[2] de nossa história, ou seja, o processo de dar um novo significado, um novo olhar a tudo o que, de alguma forma, nos despertou, um dia, algo ruim ou desagradável. Usaremos essas premissas para aferir quão relevantes são, como pano de fundo dessa fase transformar. Ei-las:

1. As pessoas são apenas aquilo que conseguem ser;

2. Por trás de cada pessoa, cada ato, há uma história de vida, experiências que, na maioria das vezes, podem explicar sua forma de agir;

3. Por trás de cada ação, há sempre uma intenção positiva[3], ainda que não concordemos. Devemos entender que para o outro sua ação tem sentido para atingir um propósito e, por "pior" que pareça essa ação, foi a melhor que o outro conseguiu em determinado momento ou período de sua vida;

---

2 A ressignificação é uma técnica de PNL que visa dar um significado inédito e positivo para a situação vivenciada.
3 Pressuposto básico da PNL, provoca o praticante da matéria a identificar a boa intenção (íntima) de quem praticou o ato.

O CÓDIGO

4. O perdão é a passagem que nos libertará do passado, para que possamos seguir um presente de paz, rumo ao auspicioso futuro;

5. Cada experiência que passamos em nossas vidas, boa ou ruim, traz um aprendizado que poderá ser fundamental para a jornada;

6. Está tudo certo. Muitas vezes, até o que consideramos errado em nós ou em uma situação, é o certo naquele momento, por algum motivo que um dia, o tempo irá mostrar;

7. Quando julgamos o outro, nos baseamos nas próprias experiências e percepções, portanto podem ser apenas interpretações nossas, e não necessariamente a realidade;

8. É preciso deixar o passado simplesmente passar. Arrastar para o presente situações e sentimentos vivenciados um dia, pode impedir uma vida plena aqui e agora;

9. Mais importante do que saber como foi até agora é saber como você escolherá ser, daqui em diante.

Com essas nove premissas em mente, podemos voltar ao nosso laboratório vivo, devidamente autorizado pelos clientes, rever as histórias apresentadas até agora e compreender como ocorreu a etapa transformar.

Em cada situação, oferecerei um resumo, para que o leitor acompanhe os passos da transformação e possa se inspirar a transformar-se, caso seja o seu desejo.

A fórmula da transformação

Como de fato costuma acontecer com toda história, os contextos são diferentes, não só dos personagens já apresentados, mas de cada um que estiver com este livro em mãos. Logo, é impossível criar um só *checklist*, um só passo a passo. Porém, com os exemplos e as explicações, será possível a cada um criar o próprio roteiro de transformação. Desejo a você boa sorte; confie em si, acredite no programa O Código T e decifre-se!

Decifração transformacional 1

Comecemos por Regina e sua compreensão durante a fase analisar:

• O seu comportamento intempestivo vinha por acreditar que os pais, pessoas permissivas, tiveram prejuízos durante a vida e, portanto, de alguma forma, Regina adotou uma atitude oposta àquela da qual pretendia se libertar (premissa 2 - entendeu a história por trás das ações);

• Primeiramente, isso foi uma interpretação. Jamais saberemos se foi real, uma vez que os pais não estão mais vivos e, provavelmente, se tivessem realmente experimentado grandes prejuízos, encontrariam uma diferente forma de agir (premissa 7 - julgou os seus pais, por meio da própria interpretação);

A partir dessa compreensão, pedi para Regina mentalmente voltar ao estágio observar e, todas as vezes que percebesse o corpo dando sinais de que agiria pela emoção, fizesse as seguintes perguntas para si:

- Eu realmente preciso continuar agindo conforme o oposto de meus pais?

- Esse comportamento faz sentido para mim? (Premissa 8 - é preciso deixar o passado simplesmente passar e 9 - mais importante do que saber como fui até agora, é saber como escolherei ser daqui em diante com bases para elaborar os questionamentos).

E se percebesse que as respostas fossem negativas, Regina foi orientada a recuar, para que pudesse agir de forma mais racional.

Expliquei que nem sempre conseguiria praticar tais questionamentos, pois durante o início de uma mudança comportamental, é comum que apareçam as recaídas. Igualmente comum é agirmos de forma automática, já que por anos ou décadas funcionamos daquele jeito anterior e mudanças realmente sólidas em nosso ser não são mágicas. Ao contrário, são processuais, com certa dose de pragmatismo (a consciência precisa aceitar tanto quanto a inconsciência) e, por fim, exigem tempo, paciência, perspicácia e persistência.

A fórmula da transformação

Após uma semana, em nossa sessão posterior, Regina me disse:

— Desde que concluí a fase analisar, algo dentro de mim já havia se modificado. Isso facilitou utilizar a observação e os questionamentos antes mesmo de agir. Com o tempo, os resultados dessa minha cliente passaram a surgir de forma significativa. Regina ressaltou que não sentia mais vontade de agir de forma explosiva e intempestiva:

— É como se algo aqui dentro (e apontou o próprio peito) estivesse diferente!

Expliquei que exatamente assim mudamos aquilo que não é mais útil para nós:

A) Tomamos consciência de nossos atos;

B) Compreendemos as origens;

C) Adotamos reflexões ou dicas para deixarmos de agir automaticamente como antes;

D) Praticamos arduamente a nova forma de ser.

O roteiro de Regina, decifrado pelo Código T:

1 – Voltar em cada consideração encontrada na fase analisar e verificar qual premissa se encaixa.

2 – Fazer novamente a leitura de todas as premissas.

O CÓDIGO

3 – Com as premissas, todas as informações e reflexões em mãos, encontradas até o momento com a metodologia, voltar ao observar. Sempre que perceber sinais físicos de que vai agir pela emoção, fazer os seguintes questionamentos:
• Eu realmente preciso continuar a agir conforme o oposto de meus pais?
• Esse comportamento faz sentido para mim?
Obs.: as premissas 8 e 9 foram bases para a construção desses questionamentos.

4 – Recuar.
Obs.: as considerações encontradas ao analisar e também com as premissas já permitiram à Regina compreender que não havia necessidade de continuar agindo como agia. Os questionamentos eram apenas para lembrá-la de recuar.

5- Praticar arduamente os itens 3 e 4.

Decifração transformacional 2
Chegou a minha vez. Compreendi durante a etapa analisar:

• A forma explosiva de ser era advinda de situações que despertavam insegurança. Cada vez que eu duvidava da própria capacidade, me posicionava de forma intempestiva com o outro. Os motivos dessa insegurança se originavam

A fórmula da transformação

de um histórico que juntava uma criação superprotetora, comparações constantes com o irmão mais velho em relação ao seu desempenho em sala de aula (tínhamos desempenhos semelhantes, mas eu precisava de várias horas de estudo para isso e ele não), além de ser constantemente motivo para piadas e brincadeiras dos colegas em sala, pelo jeitão desligado de funcionar. Os dois últimos motivos foram justificados apenas em fase adulta, por ocasião do diagnóstico de TDA, embora tenha passado muitos anos a acreditar que eu não era tão inteligente ou capaz (premissa 2 - compreendendo a história por trás das minhas ações).

De posse dessas informações e premissas, pude, aos poucos, ressignificar minha história, para que as mudanças tão almejadas começassem a surgir.

Compreendi que:

• A criação superprotetora fez parte de um determinado período da minha vida e cabia a mim continuar arrastando para o presente os sentimentos despertados, ou deixá-los para trás (premissa 8 - é preciso deixar o passado simplesmente passar).

• Minha mãe apenas me comparava ao meu irmão para que eu não perdesse tanto tempo estudando e deixasse de brincar ou fazer outras atividades. Isso ficou claro quando me lembrei de suas falas: — Vá brincar, menina.

O CÓDIGO T

Para que estudar tanto? Seu irmão quase não estuda e vai tão bem quanto você! - (premissa 3 - encontrei a intenção positiva de minha mãe).

• O fato de eu ser desligada e desatenta não significava que eu era menos inteligente do que outras pessoas. As informações obtidas durante o diagnóstico do TDA, em fase adulta, me fizeram entender não só os contras, mas os prós de quem vivencia essa peculiaridade. A exemplificar, a criatividade é um desses peculiares benefícios e sempre foi um diferencial em minha vida, inclusive graças a essa característica criativa, o meu cérebro "viaja" além do tempo que esse livro foi lançado e que essa metodologia foi desenvolvida, o que significa afirmar que imaginei bem antes de finalizá-los - (premissa 6 - está tudo certo, por algum motivo).

Ao identificar os sinais de meu corpo, capazes de indicar que eu estaria prestes a agir de maneira impulsiva (fase 1- observar), passei a recuar e acionar um diálogo interno que repetia quase como um mantra:

— Respira, você é capaz. Não há motivos para se sentir insegura!

Quando tomava consciência de meus atos, ao me observar e repetir essa frase, isso me acalmava e já não tinha mais vontade de explodir. Essa frase funcionava para me trazer de volta das emoções exageradas. É claro que nem

A fórmula da transformação

sempre conseguia fazer todo esse ritual. Muitas vezes, ainda agi de forma automática e só tomava consciência de meus atos após a explosão e as consequências.

Com o tempo e o fato de eu ter conseguido ressignificar parte da minha história, fui me habituando a me sentir mais segura e agir de forma mais centrada. Aliás, essa é a grande dádiva do autoconhecimento, que nos fornece elementos sólidos para ajudar a reescrever a trajetória. A metodologia Código T, embora diferente, nada mais é do que isto: uma ferramenta para que você desenvolva um conhecimento mais amplo e profundo sobre si e supere, transcenda o que, de alguma forma, pode estar limitando os resultados.

Eis o roteiro que utilizei em mim e compartilho, sem nenhum receio de me expor, como fiz desde o início da obra, amparada por uma premissa simples: se quero defender uma metodologia, preciso viver a prática do Código T, em vez de só apresentar a teoria ou praticar em outras pessoas.

1- Voltei até a consideração encontrada na etapa analisar e verifiquei qual premissa se encaixava;
2 - Fiz novamente a leitura de todas as premissas;

O CÓDIGO

3- Com as premissas em mãos, continuei o processo de ressignificação, construindo perguntas, em cada situação negativa encontrada na etapa analisar (minha criação superprotetora, comparações que a minha mãe fazia com meu irmão e o fato de eu ser desatenta), para compreender a realidade sob um olhar mais profundo:

• Pergunta 1- Há a necessidade de continuar alimentando os sentimentos despertados em minha criação, como medo, insegurança? Utilizei como base da pergunta a premissa 8 – (é preciso deixar o passado simplesmente passar).

• Pergunta 2- Por qual motivo minha mãe me comparava ao irmão e qual seria a sua intenção positiva?

Utilizei como base da pergunta a premissa 3 – (por trás de cada ação há sempre uma intenção positiva).

• Pergunta 3- O fato de eu ser desligada e desatenta, significa que sou menos inteligente do que os outros?

• Pergunta 4- Há só prejuízos em viver com TDA?

Para as perguntas 3 e 4, utilizei como base a Premissa 6 - está tudo certo, por algum motivo.

4 - Com todas as informações e reflexões encontradas até esse momento da metodologia, voltar a observar. E sempre que perceber sinais de que o meu corpo vai agir pela emoção:

• Recuar e usar a seguinte frase:

- Respira, você é capaz. Não há motivos para se sentir insegura!

5 - Praticar arduamente o item 4.

A fórmula da transformação

A partir desse momento, caro(a) leitor(a), para deixar a obra mais leve e evitar que se torne cansativa, vou mencionar o número da premissa e peço que volte a ler o trecho em que detalho cada uma delas. Ou, em outra hipótese igualmente positiva e eficiente, peço que as tenha em mãos, seja uma cópia ou uma imagem registrada como foto do telefone celular, por exemplo.

Decifração transformacional 3

Ao cliente Francisco, durante toda a sua busca para mudar o incômodo que sentia diante de algumas pessoas à sua volta, a metodologia foi crucial. A lembrar, esse personagem ficava com a sensação de que fazia mais do que todos e ganhava menos por isso, acionando uma inveja que não era saudável a ele, nem aos seus relacionamentos próximos. Analisar lhe trouxe os seguintes entendimentos:

• As raízes estavam intrincadas no terreno arenoso do passado. Por ter um pai "bon vivant", com poucas responsabilidades sobre o sustento de sua família, teve que começar a trabalhar cedo, ajudar em casa e por isso, perdeu parte de sua infância e adolescência. A revolta se iniciou nessa época. Queria mais tempo como as outras crianças e a situação não permitia. Assim, quando enxergava que o seu chefe, esposa e colega "trabalhavam mais do que ele", na verdade projetava neles o seu olhar de menino injustiçado (premissa 2).

O CÓDIGO

- Com todas essas informações, Francisco conseguiu olhar de forma mais racional para o trabalho de cada uma dessas pessoas, compreender que eram atividades diferentes das suas e por isso, tinham um ritmo de trabalho diferente (premissa 7).

O passo analisar, para Francisco, foi um enorme caminho para superar esses sentimentos destrutivos que possuía em relação às pessoas de seu convívio, mas, caso não se libertasse da origem de tais sentimentos, originária da relação com o pai, certamente voltaria a senti-los em outros contextos e personagens.

Assim, continuando a utilizar algumas das premissas citadas, fomos mergulhando mais a fundo no processo de ressignificação. Pedi que refletisse e listasse em uma folha de papel todos os ganhos que conquistou pelo fato de seu pai ter sido como foi.

Os prejuízos ele sabia bem, mas era necessário olhar também para o que de positivo resultou disso tudo.

Na maioria das vezes, deixamos o passado (metaforicamente marcado na carne, a ferro quente) influenciar negativamente a nossa vida e ditar nossas ações do presente. E se agimos assim, é porque temos dificuldade em refletir e encontrar o que de bom esse pretérito nos trouxe.

Na lista de Francisco estava a responsabilidade que acabou desenvolvendo, de forma prematura, por conta do con-

A fórmula da transformação

texto; e, juntamente com ela, uma série de conquistas, tais como: ter empregos relativamente bons e estáveis, adquirir a sua casa, o seu carro, enfim, uma certa estabilidade que muitas pessoas passam a vida inteira a procurar, ele já havia conquistado desde os seus 30 anos. Além das conquistas materiais, juntamente com o senso de responsabilidade, surgiram valores e qualidades nos quais esse meu cliente se orgulhava e reconheceu como uma das "melhores partes do seu ser", segundo as próprias palavras. São elas: a garra, a determinação, o valor à família e o altruísmo.

Assim que terminei de ler toda a sua lista, devolvi a ele e pedi que lesse em voz alta tudo o que havia escrito, todos os seus ganhos. Ao final da leitura, fiz as seguintes perguntas:

• Ainda vai ficar com raiva do pai, pela forma como ele agiu?

• Será que você teria conquistado tantas coisas, se ele tivesse cumprido com as próprias obrigações? - (premissas 4 e 6).

O silêncio pairou por alguns segundos, enquanto Francisco olhava fixamente para a sua lista, até que acabou, juntamente com um suspiro, soltando a frase que parecia representar o definitivo alívio:

— Por fim, eu preciso agradecer ao meu velho. – e completou, entre uma lágrima e outra - Que loucura, passei a

O CÓDIGO T

vida inteira com um sentimento ruim em relação a ele e nem me dei conta do que me tornei, graças ao fato de ele ser o oposto daquilo que eu esperava de um pai.

Nesse momento emocionante, reforcei a necessidade de trocar os sentimentos de inconformidade, como a raiva, por gratidão. Aliás, o mundo seria outro se todos o fizessem. A partir desse dia que, nas próximas sessões, Francisco relatou algo que vale muito ser compartilhado:

— Percebo uma grande paz em meus dias e relacionamentos. Nem o chefe, o colega de trabalho ou a esposa me incomodam. Já não me sinto injustiçado e a inveja é algo que não me pertence mais!

A transformação é assim: seguindo o passo a passo da Metodologia O Código T com disciplina, coragem e determinação, ela vai chegando de mansinho, se instalando em nós, aos poucos, até que de repente, se acomoda como "quem veio para ficar". E fica, pura e simplesmente...

Aí vai o roteiro de Francisco:

1 – Voltar até a consideração encontrada durante o passo analisar e verificar qual premissa se encaixa;

2 – Fazer, novamente, a leitura de todas as premissas;

A fórmula da transformação

3 – Com as premissas em mãos, continuar o processo de ressignificação na situação negativa (comportamento do pai), para compreender a realidade sob um olhar mais profundo:

• Fazer uma lista com os ganhos que teve a partir do comportamento do pai;

• Ler a lista em voz alta;

• Refletir sobre as seguintes questões:

  ° Ainda ficará com raiva do pai pela forma como agiu?

  ° Será que teria conquistado tantas coisas, se ele tivesse cumprido com as próprias obrigações e, portanto, agido de forma diferente?

• Obs.: tanto a lista, quanto as questões acima colocadas, foram elaboradas com base nas premissas 4 e 6.

4 – Voltar ao estágio observar e verificar como se sente diante das pessoas que o incomodam.

Decifração transformacional 4

Vamos, então, ao personagem Andrade...

Logo durante o passo observar, já identificou que a sua morosidade para implantar e finalizar projetos se dava pelo sentimento de insegurança que era acionado nele, sempre que precisava agir e tomar decisões em seu trabalho. Durante a etapa analisar, Andrade descobriu que:

O CÓDIGO T

• Enquanto criança e adolescente, foi agitado e apressado. Entregava provas, finalizava tarefas e atividades que, constantemente, tinham erros e isso custava repreensões frequentes de seus professores. Com o tempo, foi se tornando o oposto para evitar erros e assim, tornou-se um adulto mais inseguro e moroso em suas ações (premissa 2).

Quando Andrade fez essa descoberta, passamos à fase da ressignificação. Assim se deu uma parte de nosso diálogo, começando por mim:

— O que você, nos tempos de menino adolescente, lhe ensinou com a sua forma de agir?

— Que se continuasse sendo apressado, cometeria erros.

— E o que você fez com esse ensinamento, no futuro?

— Eu me tornei lento demais para agir.

— Isso te poupou de erros?

— Sim, mas exagerei e por isso, preciso mudar.

— E você acredita, Andrade, que precisa voltar a ser apressado?

— Não tanto; um pouco mais do que sou hoje.

Ao responder as minhas perguntas, o cliente foi entendendo que as experiências lhe trouxeram um aprendizado importante, que não precisava ser descartado, mas adaptado (premissa 5). E continuei com uma sequência de perguntas que faria a diferença na transformação do cliente:

A fórmula da transformação

— Quando estamos muito apressados, nos concentramos verdadeiramente no que estamos fazendo?

— O que pode diminuir as chances de erros em uma ação?

— Será que, para não errar, é necessário ser o oposto do que era?

Para essa última pergunta, foi utilizada a premissa 9. E com mais esses questionamentos, Andrade chegou à conclusão de que a pressa do passado o levava a erros, por não se concentrar devidamente no que estava fazendo e entregar sem conferir. Hoje, segundo o próprio Andrade, ele desprende muita atenção e foco no que está fazendo e sempre confere antes da entrega, mas percebeu que não há mais motivos para continuar sendo inseguro.

Foi com essas percepções que, nas próximas sessões, ele relatou como o seu ritmo havia se modificado:

— Já não me canso de ver um projeto em minha mesa, por não ter coragem de aprová-lo – sorriu e complementou – eu me concentro em destrinchá-lo e passá-lo logo para frente.

Muitas vezes, é necessário utilizar questionamentos estratégicos sobre as nossas experiências passadas, a fim de ressignificar a nossa história e dar um olhar de novas possibilidades, para que a transformação ocorra dentro de nós.

O CÓDIGO

Eis o seu roteiro:

---

1 – Voltar até a consideração encontrada durante a etapa analisar e verificar qual premissa se encaixa;

2 – Fazer, novamente, a leitura de todas as premissas;

3 – Com as premissas em mãos, continuar o processo de ressignificação da situação negativa encontrada, a fim de compreender a realidade sob um olhar mais profundo: Pergunta 1 - O que o menino, o adolescente lhe ensinou com a sua forma de agir?
Pergunta 2 - O que você fez com esse ensinamento?
Pergunta 3 - Isso te poupou de erros? (baseada na resposta da pergunta 2, com a finalidade de encontrar o aspecto positivo do comportamento que precisa ser adaptado ou modificado).
Pergunta 4 - Acredita que precisa voltar a ser apressado?
Pergunta 5 - Quando estamos muito apressados nos concentramos verdadeiramente no que estamos fazendo?
Pergunta 6 - O que pode diminuir as chances de erros em uma ação?
Pergunta 7- Será que é necessário ser o oposto do que era para não errar?
Obs.: a premissa 5 foi utilizada como base para a formulação dessas perguntas. E para a pergunta 7, também foi utilizada a premissa 9.

4 – Com as reflexões surgidas desses questionamentos, observar como reagirá diante dos projetos, decisões e ações.

A fórmula da transformação

Decifração transformacional 5

Seguindo a mesma linha, Neiva, que relatou um incômodo bastante acentuado com o novo colaborador que iniciava em seu setor, a ponto de dificultar a comunicação entre ambos e prejudicar o alcance de seus resultados, observou que o sentimento acionado nesse incômodo era a irritação.

Durante o passo analisar, se deu conta de que a irritação vinha dos seguintes contextos:

• Teve como padrão de comportamento uma mãe bastante agitada, de quem ouviu em repetidas ocasiões de sua vida a seguinte frase: "agiliza, menina". Portanto, aprendeu que ser rápida era a melhor forma de agir.

• Quando estava em seu primeiro emprego, teve a responsabilidade de gerenciar um projeto juntamente com a colega que tinha ritmo mais lento e isso, segundo ela, foi o motivo do atraso em sua entrega, o que ocasionou críticas severas por parte de sua chefe.

Todo esse entendimento a levou a compreender que ela adotou a forma ágil de ser como "a melhor", uma vez que a aprendeu desde o contato com a mãe e se reforçou com a experiência negativa de alguém com ritmo diferente do seu. Assim, o seu novo colega de trabalho a irritava justamente por ser seu oposto, de modo que ela o associava a essa experiência (premissa 2).

O CÓDIGO T

Somente essas informações encontradas na fase analisar já ajudaram Neiva a enxergar o novo colaborador de forma diferente. Se ela não eliminasse verdadeiramente a inconformidade pelos ritmos diferentes de agir do seu, isso se repetiria em outras pessoas e situações.

E assim iniciei o processo de reflexão e questionamento para ressignificar a sua forma de agir, bem como a dos outros.

Iniciei perguntando se ela gostava de ser como era, se tinha mais ganhos ou prejuízos com o seu jeito de ser.

Ela confirmou com toda a certeza mais ganhos, e disse que graças a ser assim, sempre se destacou em tudo o que fazia. Assim que ela relatou isso, continuei:

— Acredito que você deva ter gratidão por sua mãe, uma vez que, segundo me disse, foi ela quem te ensinou a ser como é. - e continuei, com mais quatro perguntas:

1 - Será que se não tivesse uma mãe como a sua, você teria aprendido a ser assim, tão rápida?

2 - Será que as pessoas mais lentas tiveram alguém para ensiná-las, ou entenderam em sua história de vida que ter celeridade pode ser algo bom?

3 - Ser rápido é, necessariamente, bom para todas as pessoas?

A fórmula da transformação

4 - Já passou pela sua cabeça que alguns podem ter experimentado prejuízos, em vez de ganhos, por um dia terem sido ou presenciado alguém tão rápido?

Ao responder a essas quatro questões, Neiva concluiu que as pessoas são diferentes, existem razões por trás delas e nem sempre o que julgamos bom para nós é também para o outro.

Nosso pano de fundo foram as premissas 1, 2, 3 e 7.

Aos poucos, Neiva foi aprendendo a entender e aceitar as diferenças interpessoais. Com o tempo, relatou algo muito interessante:

— Estou ajudando um novo colaborador a ser um pouco mais rápido, em vez de me irritar com a sua lentidão. Isso está repercutindo de forma bastante positiva em meus resultados, algo como um sentimento de libertação.

Muito feliz pela realização de minha cliente, que decifrou O Código T, respondi:

— É o que ocorre quando conseguimos eliminar sentimentos nocivos em relação ao outro. Tornamo-nos mais pacientes e complacentes, ao ponto de nos ajustar e ajudar o outro a se ajustar, numa sintonia, para que o relacionamento flua da melhor maneira que possa fluir.

O CÓDIGO T

Eis o roteiro de Neiva, para inspirar você:

1 – Voltar até a consideração encontrada no passo analisar e verificar qual premissa se encaixa;

2 – Fazer, novamente, a leitura de todas as premissas;

3 - Com as premissas em mãos, continuar o processo de ressignificação em relação às diferenças entre a forma de agir e a dos outros, para compreender a realidade sob um olhar mais profundo:

Pergunta 1 - Possui mais ganhos ou prejuízos com o seu jeito de ser?

Pergunta 2 - Será que se não tivesse uma mãe como a sua, teria aprendido a ser assim, tão rápida?

Pergunta 3 - Será que as pessoas mais lentas tiveram alguém para ensiná-las, ou entenderam, em sua história de vida, que ser rápido pode ser bom?

Pergunta 4 - Ser rápido é, necessariamente, bom para todas as pessoas?

Pergunta 5- Já passou pela sua cabeça que alguns podem ter experimentado prejuízos, em vez de ganhos, por um dia terem sido ou presenciado alguém tão rápido?

Obs.: as perguntas foram elaboradas com base nas premissas: 1, 2, 3 e 7.

4 – Voltar ao passo observar e verificar como se sente diante das pessoas que a incomodam.

A fórmula da transformação

Decifração transformacional 6

E chegamos a Jussara, supervisora de uma multinacional, cujo transformar ocorreu de forma bem semelhante ao de Neiva e possibilitou avanços significativos em seu papel de liderança.

Jussara tinha como objetivo melhorar os resultados de sua equipe e descobriu que, para isso, precisava mudar sua forma de cobrar, de se comunicar com eles, uma vez que o sentimento de irritação era o que impedia ou dificultava a sua comunicação, no sentido de ser mais assertiva. E se incomodava em relembrar ou cobrar regras, situações já comunicadas, pois desde pequena seguiu o que pediram e ficava inconformada com o fato de que as pessoas não fossem como ela sempre foi.

Durante a etapa analisar, Jussara concluiu que:

• Aprendeu com o pai a seguir regras e cumprir o que era pedido com prontidão, de modo que o seu pai seria muito rigoroso, caso ela não agisse dessa forma;

• Irritava-se quando os colaboradores não seguiam prontamente regras e instruções por serem diferentes dela e porque, no fundo, sempre sentiu a vontade de ser um pouco mais leve e descompromissada com as situações, embora nunca tivesse conseguido, por faltar a coragem de desobedecer ao pai e ter assimilado

O CÓDIGO

isso como o que é certo para sua vida (premissa 2 para ambas as conclusões).

O primeiro questionamento que fiz foi o seguinte:

— Você teve mais ganhos ou perdas sendo como é, alguém que segue o que está preestabelecido sem a necessidade de ouvir duas vezes?

Jussara respondeu sem hesitar.

— Tive mais ganhos e gosto de ser assim, mas já tive vontade ser diferente e, às vezes, quebrar as regras.

Eu continuei.

— Você teve, Jussara, uma história em que assimilou como certo ser da forma que é. Poderia ter sido o oposto, assim como o seu irmão, mas, desde criança, fez a sua escolha e se orgulha dela. Isso é bom, pois a faz olhar para o seu pai com gratidão, por ele ter sido como foi com vocês. Mas, consegue perceber que foi uma escolha somente sua? Foi o que você acreditou ser a melhor forma. Seu irmão interpretou toda a situação com o pai de forma diferente e, por isso, age de forma oposta a sua. Com base nisso, você acredita que as outras pessoas, que tiveram outras histórias, outros modelos de pai, conseguem enxergar a importância de agir exatamente como você?

Jussara ficou pensativa por alguns segundos e, acenando a cabeça como quem estava concordando, respondeu:

A fórmula da transformação

— Se o meu irmão, que teve o mesmo pai, funciona de forma diferente da minha, imagine os meus colaboradores, que nem sei o que ou como aprenderam tudo isso. Foi a minha deixa para completar a indagação.

— Com base em sua fala e seu entendimento, ainda faz sentido continuar se irritando com eles, cada vez que não cumprem o que foi acordado?

— Teoricamente, não, nenhum sentido. Mas, será que consigo eliminar esse sentimento de verdade? – devolveu Jussara.

— Eliminar, eu não sei. Aí é com você – brinquei com ela - mas vamos a um raciocínio lógico: você se irrita por não entenderem a importância de cumprir as regras, as situações acordadas. Se existe uma chance de que eles passem a agir diferente, qual seria?

— Se eles entendessem a importância. - respondeu a minha cliente, meio irritada, como quem percebe que está sendo questionada por coisas óbvias.

— Pois bem. – e continuei com a obviedade das perguntas - o que você pode fazer para que eles passem a entender? Como ajudamos o outro a se conscientizar de seus atos e respectivas consequências?

Ela pensou um pouquinho e devolveu:

— Se eu me comunicar de forma mais paciente e assertiva, penso que vai dar certo!

O CÓDIGO

Quando respondeu isso, aproveitei para reforçar:
— Pelo pouco que a conheço, Jussara, já deu para perceber que você sabe ser paciente e se não estava conseguindo, é porque se irritava. Caso você, com todo o entendimento adquirido durante essa metodologia, mudasse a sua forma de se expressar, certamente o ciclo seria quebrado e os seus colaboradores passariam a agir conforme você almeja, o que há de despertar menos incômodo ou irritação em você, além de te motivar a ser ainda mais paciente com a equipe.

Contemplei o seu sorriso de percepção e continuei.

— E sobre a vontade, às vezes, de ter sido mais leve e menos austera, vamos pensar: quando assimilamos algo desde a infância, de forma a incorporar isso em nossos atos, por vezes ficamos presos ao olhar daquela criança que fomos um dia. Cabe a nós continuar vendo o mundo e agindo nele dessa maneira, ou optar por abandonar o que já não cabe mais em nossa vida como adultos. Por exemplo: a sua criança interna entendeu que "tarefa dada é tarefa cumprida" e ela gosta disso, mas, às vezes, sofre com o desejo de ser menos rígida. Então, agora que você cresceu e não é mais a garotinha que tem medo do pai, precisa analisar se há excessos em seu comportamento, se há ajustes a serem feitos, mas isso, Jussara, somente você poderá dizer e fazer. O importante é compreender que crescemos e, independentemente do que tivemos no passado, podemos fazer as nossas escolhas no presente (premissa 9).

A fórmula da transformação

Depois desse marcante dia, nas próximas sessões, Jussara relatou que, a cada dia, encontrava mais avanços com a equipe. Praticando a paciência e a assertividade, percebeu o amadurecimento de cada colaborador e, por efeito colateral, maior comprometimento da equipe. E concluiu:

— Alexandra, depois que O Código T decifrou a minha vida, sempre que o sentimento de irritação é acionado, eu me lembro das nossas conversas e de todas as considerações que você conseguiu me oferecer. Isso me acalma. E o melhor de tudo: cada vez menos isso se fazia necessário, pois raramente tenho me irritado.

Com mais uma cliente feliz e transformada pela metodologia, compartilho o roteiro de Jussara:

---

1 – Voltar até as considerações encontradas na fase analisar e verificar qual premissa se encaixa;

---

2 – Fazer, novamente, a leitura de todas as premissas;

---

3 – Com as premissas em mãos, continuar o processo de ressignificação em relação às diferenças entre a sua forma de agir e a dos outros, para compreender a realidade sob um olhar mais profundo:
• Pergunta 1- Possui mais ganhos ou prejuízos com o seu jeito de ser?

O CÓDIGO

Antes de fazer a pergunta 2 - relembrei o fato de que seu irmão, embora com o mesmo pai, optou por ser diferente, e que agir como ela agia (cumprir as regras e compromissos com rigor ditatorial) era uma opção dela.

• Pergunta 2- Acredita que as outras pessoas, que tiveram outras histórias, outros modelos de pai, conseguem enxergar a importância de agirem como você?

• Pergunta 3- Baseada em sua própria fala, em seu entendimento, ainda faz sentido continuar se irritando com eles (os colaboradores) cada vez que não cumprem o que foi acordado? – Essa pergunta foi para completar a resposta da pergunta anterior.

Ainda quanto aos colaboradores:

• Pergunta 4- Você se irrita por não entenderem a importância de cumprir as regras, as situações acordadas. Se existe uma chance de que eles passem a agir diferente, qual seria?

• Pergunta 5- O que você pode fazer para que eles passem a entender? Como ajudamos o outro, no sentido de se conscientizar dos seus atos?

Por último, pensar se deseja continuar a agir com a mesma rigorosidade de quando era criança (premissa 9)

Obs.: as perguntas de 1 a 3 foram elaboradas com base nas premissas: 1, 2 e 7.

4 - Voltar ao passo observar e verificar como se sente diante das pessoas que agem de forma diferente da sua. E, caso sinta irritação, recuar para refletir sobre as considerações do roteiro, antes de agir.

A fórmula da transformação

Com tudo realizado, em uma sessão de atendimento, assim como os demais, Jussara teve em mim uma aliada para conduzir as reflexões necessárias e ressignificar a própria história, até alcançar a transformação. E qualquer pessoa pode fazer esse mesmo processo (lembre-se de que eu mesma testei e sigo a aplicar a Metodologia O Código T em mim).

Seguindo os exercícios propostos, e tendo como base os roteiros apresentados, você conseguirá um norte que o ajudará a ter os mesmos resultados dos exemplos relatados. E para darmos continuidade aos demais exemplos, vamos recapitular como conduzi os cases já apresentados:

1. Assim que concluímos a etapa analisar, retomamos e verificamos, em cada conclusão, qual premissa se encaixa. Isso ajuda a reforçar ainda mais os entendimentos adquiridos nessa fase e a iniciar o processo de ressignificação, necessário para transformar os sentimentos e emoções a respeito dos fatos que podem interferir, negativamente, no comportamento.

2. Em seguida, fizemos novamente a leitura de todas as premissas e, com elas em mãos, voltamos em cada conclusão, para construir perguntas e reflexões que levaram a compreender os fatos sob uma ótica diferente da anterior, dando um novo significado a tudo que percebemos. É claro que em cada situação, construímos questionamentos

diferentes, mas, a partir do momento em que aceitamos as premissas como bases para entender a vida de outra forma, com maior gratidão, as utilizamos, em linhas gerais, para contextualizar os motivos que levam cada ser humano a "ser" como é e agir como age. Além disso, pudemos enxergar aprendizados, excessos e intenções positivas, para perceber o que deve ficar e o que precisa ser eliminado ou transformado.

3. A partir dessa ressignificação, o "sentido norte" é voltar ao passo observar e verificar se houve as mudanças necessárias acerca dos aspectos sentir e agir. É importante ressaltar que, em muitos casos, mesmo que o sentimento tenha sido modificado, ainda corremos o risco de agir como antes, dado o fato de que por muitos anos funcionamos de uma forma e, por isso, a mudança requer, muitas vezes, a prática ininterrupta do novo comportamento. Nesses casos, é importante a construção de frases e diálogos internos, ao perceber que irá agir à luz do antigo comportamento. Tais frases e diálogos devem ser utilizados como mantras, para conduzir nossa mente a um novo modo de pensar, que reflita e resulte em uma nova maneira de agir.

Decifração transformacional 7
Seguindo esse mesmo raciocínio, Joana conseguiu modificar seu comportamento com as crianças, lembrando

A fórmula da transformação

que o seu principal objetivo era ser mais participativa como mãe, ter mais vontade e disposição para brincar com as filhas. Logo na etapa observar, Joana descobriu que lhe faltava paciência para ser e agir assim. Durante a fase analisar, a minha cliente descobriu que:

• Acabou assimilando o modelo de ser dos pais e da avó, em relação à criação dos filhos. Muito atarefados, seus pais eram excelentes cuidadores, porém, pelo tempo escasso, acabavam não priorizando as brincadeiras com as crianças;

• A falta de paciência para brincar com suas filhas, vinha então, por não acreditar, no fundo, que isso era importante, concentrando toda a sua energia naquilo que considerava primordial: cuidar de todo o restante necessário ao desenvolvimento saudável e seguro de uma criança (premissa 2);

Com essas informações, Joana compreendeu o motivo de ser como era com as filhas. Foi um grande passo para conseguir modificar o seu comportamento, mas alguns reforços ainda seriam necessários.

Foi então que passamos a algumas reflexões que a levaram a pensar nessa escolha de modelar os comportamentos dos pais e avós. O diálogo começou por mim.

Joana, o que você contempla de positivo no comportamento deles e qual aprendizado obtive a partir da maneira como os seus pais agiram?

O CÓDIGO T

— A importância de cuidar, de zelar pelo desenvolvimento dos filhos. Isso, para mim, foi uma grande demonstração de amor.

— E você sofreu com o fato de que ambos dedicaram pouco tempo para participar de sua infância e de suas brincadeiras?

— Na verdade, não me lembro de ter sido ruim, ou de ter ficado triste em algum momento. Para mim e meus irmãos, era normal, sei lá, acho que nem pensávamos que poderia ser diferente. – e sorrindo, complementou, como se sentisse desapontada. - o problema é que para as minhas filhas isso importa. Elas me cobram e é onde acabo me cobrando também.

Cabe ressaltar que para esses questionamentos, foi utilizada a premissa 5. E continuei com as reflexões:

— Joana, tornar-se uma mãe diferente parece importante a você, assim como não deixar de ser boa cuidadora de suas filhas. Então, sugiro que continue sim, cuidando, agindo como os seus pais, mas que venha a dividir uma fração do tempo entre o exercício de cuidar e as atividades lúdicas. Para isso, volte ao passo observar quando estiver em contato com as filhas e, assim que perceber que elas estão brincando, caso ainda se sinta sem paciência para brincar, lembre-se de que elas são diferentes de você. Para elas, é importante

A fórmula da transformação

também esse tempo compartilhado com as brincadeiras. Acione o seu diálogo interno e repita para si: "isso também é importante para meu papel de mãe" - e simplesmente sente-se com elas ou se programe para isso. Experimente agir de modo diferente e vai dar tudo certo! – (premissa 9).

Esperei que ela absorvesse um pouco e reiterei:

— Para mudar hábitos e comportamentos, é necessário praticar. A sua tarefa, portanto, é se observar e praticar essas recomendações.

Joana, como os demais, já relatava mudanças logo que finalizou o passo analisar, mas, reafirmou que refletir sobre o que conversamos nesse terceiro passo e praticar as recomendações foi crucial para que a transformação se consolidasse:

— De tanto me policiar e praticar esse lado lúdico com as filhas, acabei encontrando prazer em ser diferente. Ver o sorriso das meninas, cada vez que brinco com elas, é algo que não tem preço. Realmente encontrei prazer ao agir assim, e a melhor parte é que esse "prazer" já está entrando no "automático", ou seja, passei a agir assim sem precisar me policiar. Quando atingimos esse ponto, podemos ter a certeza de que algo dentro de nós realmente se transformou!

Com o emocionante *feedback* de Joana, penso que já posso revelar o seu roteiro:

O CÓDIGO T

1 – Voltar até a consideração encontrada no estágio analisar e verificar qual premissa se encaixa

2 – Fazer, novamente, a leitura de todas as premissas;

3 - Com as premissas em mãos, continuar o processo de entendimento do seu comportamento, para compreendê-lo sob um olhar mais profundo:
Pergunta 1 - O que há de positivo no comportamento dos pais e da avó e qual aprendizado obteve?
Pergunta 2 - Houve sofrimento pelo fato de dedicarem pouco tempo a participar de suas brincadeiras?
Obs.: perguntas elaboradas com base na premissa 5.

Baseada nas respostas, reforçar a importância de continuar a ser como os pais e a avó (excelente cuidadora), apenas acrescentando para dividir o tempo e participar dos momentos lúdicos das filhas, reforçando que para elas, isso é importante.
Obs.: reflexão baseada na premissa 9.

4 – De posse de todas as informações e reflexões encontradas até o momento com a metodologia, voltar ao passo observar. E ao perceber falta de paciência para brincar com as filhas:
• Lembrar de que são diferentes de você. Para elas, é importante também esse tempo compartilhado com as brincadeiras;
• Acionar o seu diálogo interno e repetir: "isso também é importante para o meu papel de mãe";
• Sentar com elas ou se programar para isso.

A fórmula da transformação

5 - Praticar arduamente o item 4.

Decifração transformacional 8

Voltando a decifrar um pouco mais de mim, percebi, logo no observar, o incômodo com o olhar da diretora da escola que coordenei, assim como o olhar de todas as mulheres com mais idade do que eu. Seus olhares semelhantes e penetrantes cruzavam o meu caminho e lembravam a forma como minha mãe me olhava. Uma vez que tinha questões mal resolvidas com ela em relação ao nosso convívio, fazia essa transferência.

Baseada nessa percepção, juntamente com as descobertas advindas do passo analisar, pude avançar significativamente rumo a transformar.

Quanto ao passo do analisar, cheguei aos seguintes entendimentos:

• Desde a infância, interpretei minha mãe como uma mulher séria, excelente cuidadora, mas que não apreciava brincadeiras ou chamegos.

• O fato de eu ser muito diferente dela (desorganizada, perdia facilmente as coisas, impulsiva na demonstração de meus sentimentos) me custava constantes repreensões e brigávamos com frequência. Tinha a sensação de que nada que fizesse a agradava, que eu jamais conseguiria agradá-la.

O CÓDIGO T

- Por todas essas considerações, entendi que interpretava seu olhar dentro de mim, como de alguém que estava apontando as minhas falhas, os meus erros (premissa 2).

Para que pudesse ressignificar a relação com a minha mãe e, por consequência, deixar de transferir para outras situações e outros personagens que lembravam a nossa convivência, me fiz as seguintes indagações, baseadas nas premissas dessa metodologia:

- Conforme eu havia percebido no passo analisar, essa foi a minha interpretação sobre a minha mãe, e não necessariamente a realidade. Portanto, será que devo continuar alimentando, nos dias de hoje, essa interpretação que se iniciou lá pelos tempos de criança?

- Ainda que eu fosse diferente dela, na forma de ser e agir, será que só amamos e aprovamos aqueles que são iguais a nós?

- A criança busca aprovação dos pais, mas o adulto precisa mesmo continuar essa busca?

Formulei esses questionamentos, com base na releitura e absorção das premissas 7, 8 e 9.

Cada pergunta serviu para que eu realmente passasse a olhar o presente com os olhos de quem já não é mais a garotinha que necessita ser admirada ou aprovada; e entendesse que, se a minha mãe agiu ou não da forma como

A fórmula da transformação

interpretei, foi o melhor que ela conseguiu ser e fazer. Cabe a mim arrastar esses sentimentos negativos em relação a ela, ou perceber que tudo passou, que cresci e que posso escolher deixar isso para trás, alimentar as coisas boas que ela fez e representou para mim.

Percebi também que passamos por fatos e acontecimentos em nossa infância e adolescência, sendo que enxergamos e interpretamos tudo com base na idade que temos. O problema é que crescemos, nos tornamos adultos, e continuamos a ver esses mesmos fatos baseados nos mesmos infantilizados olhares de quando ocorreram, ou seja, nos esquecemos de voltar a eles e enxergá-los com os olhos de adultos, de quem sabe ver a realidade sem os exageros emocionais típicos da pouca idade.

Aos poucos, todas essas percepções foram modificando a forma de enxergar e conviver com a minha mãe. À medida em que a paz em relação a isso se instalava dentro de mim, já não notava mais os olhares semelhantes aos dela em outras mulheres. Parece que deixaram de cruzar o meu caminho, o meu olhar. E na verdade, penso que eu simplesmente deixei de reparar e dar a conotação que dava.

É assim que ocorre quando transcendemos, transformamos alguma ferida em nós: quebramos a sistemática de comportamentos que se repetia em outros contextos e personagens.

O CÓDIGO T

E como abri boa parte de minhas experiências em favor das suas, cabe conferir o roteiro que utilizei:

> 1 – Voltar até a consideração encontrada no passo analisar e verificar qual premissa se encaixa;

> 2 – Fazer, novamente, a leitura de todas as premissas;

> 3 - Com as premissas em mãos, continuar o processo de ressignificar a situação negativa encontrada no passo analisar, para compreender a realidade sob um olhar mais profundo:
>
> Pergunta 1- Devo continuar alimentando essa interpretação que se iniciou lá, com a criança, nos dias de hoje?
>
> Pergunta 2- Ainda que eu fosse diferente dela, na forma de ser e agir, será que só amamos e aprovamos os que são iguais a nós?
>
> Pergunta 3- A criança busca aprovação dos pais, mas o adulto precisa continuar com essa insalubre busca?

> 4 – De posse de todas as informações e reflexões desvendadas por O Código T, o incômodo de olhares semelhantes aos de minha mãe simplesmente deixou de existir, de forma natural, sem a necessidade de ficar me observando ou ressignificando, com frequência.
>
> Os questionamentos tiveram como origem as premissas: 7, 8 e 9.

É importante reforçar que a base da transformação reside principalmente em nossa capacidade de introjetar as premissas. São elas que terão o importantíssimo papel

A fórmula da transformação

em nossa perspectiva de escolher os fatos, a realidade e dar-lhes novos significados.

Para finalizar os nossos exemplos, que serviram para ilustrar como a poderosa Metodologia O Código T pode ser aplicada com sucesso, voltaremos ao meu cliente Romualdo, cuja transformação foi uma das mais tensas...

Decifração transformacional 9

Seu desejo era deixar de procrastinar ações e decisões que envolviam os âmbitos pessoal e profissional. Romualdo percebeu, durante o passo observar, que agia dessa forma por se sentir inseguro.

Durante o passo analisar, concluiu que:

• A procrastinação derivava da insegurança e teve origem no convívio, por 3 anos, com um chefe rude, em um de seus primeiros empregos. Desde a primeira agressão verbal diante de todos, cometida por esse chefe, em função do erro que Romualdo cometeu em um relatório, passou a demorar na tomada de decisões e em suas ações como um todo (premissa 2).

De posse dessas informações, avançamos até a última etapa e, sempre considerando as premissas como pano de fundo, iniciei as reflexões. O diálogo começou por mim.

— Romualdo, imagino quão difícil e ruim deve ter sido a experiência com o chefe, a ponto de marcar os seus dias

O CÓDIGO

de hoje. Porém, vou colocar algumas questões para que a ressignificação possa ocorrer e com ela, a sua merecida transformação. A primeira pergunta: você consegue enxergar algo de bom na relação com esse seu antigo chefe? De repente, o rosto de Romualdo se avermelhou e sua respiração ficou ofegante. Ele respondeu:

— Não consigo ver o que pode ter de bom em alguém que, sob o pretexto de corrigir, precisa humilhar.

— Sim, claro. – reafirmei e continuei - Fazer como ele fez é péssimo. Ignorando a atitude dele e se concentrando apenas em você, responda: depois disso, ao executar suas ações, você passou a tomar mais cuidado?

— Muito mais. E o medo de levar mais um novo esculacho?

— E posso deduzir que você passou a cometer menos erros depois disso?

— Sim, mas fui me tornando cada vez mais demorado, lento em tudo o que precisava fazer.

— Entendo, mas seria justo afirmar que, se você retirasse os excessos, continuaria cuidadoso, o que é algo bom e que pode evitar erros e decisões erradas?

— Sim, mas e para medir isso, para tirar esse excesso? – devolveu Romualdo, prontamente.

A fórmula da transformação

— Primeiramente, é preciso enxergar o aprendizado por trás dessa traumática experiência: ser mais cuidadoso e cauteloso em sua vida. E, depois, responder às seguintes questões:

• Isso ocorreu há muito tempo com o garoto que estava iniciando como profissional do mercado, cheio de medos e inseguranças. Anos depois, você acredita que é o mesmo garoto, sem experiência, sem vivência, a ponto de se abalar como se abalava diante de um erro ou uma bronca?

• Hoje, com base em tudo o que conquistou até agora, você ainda acredita que é necessário duvidar de sua capacidade?

• Até quando continuaria a permitir que o passado assombre o seu presente?

Os questionamentos tiveram como base as premissas 5, 6, 8 e 9.

Romualdo estava agora mais convicto e respondeu:

— Realmente, se eu olhar direito para tudo, não há motivos para continuar a me sentir inseguro! – ficou bastante pensativo por alguns segundos e completou - Apesar de eu ter consciência disso tudo a partir de agora, ainda temo que na prática, continue a ser como era.

Foi então que intercedi em favor dele.

— Romualdo, sempre que estiver diante de uma situação que exija ação ou decisão, observe se a insegurança será acionada e diante dela, você pode agir com as seguintes estratégias:

- Continuar cauteloso e criterioso para decidir, mas refletir em tudo o que conversamos durante o atendimento, durante os questionamentos. Acionar o seu diálogo interno, repetindo: "vá, aja; eu sou capaz e o garoto inseguro ficou lá atrás". Com esse diálogo, você há de agir, mesmo diante da insegurança. No início, você pode até se sentir nervoso por "arriscar mais". Porém, será necessário continuar praticando e, com o tempo, perceberá as vantagens de ser um pouco mais ágil, até que isso vai deixar de ser algo que exige tanto esforço pessoal e passará a ser natural.

No próximo encontro que tivemos, Romualdo relatou que todas as reflexões surgidas durante essa fase, ficaram remoendo dentro dele e que, certamente, estava mais seguro, mais em paz. Disse que ainda precisava se observar e praticar o diálogo interno, para acelerar as tomadas de decisões, mas estava enfrentando seus fantasmas com uma grande vantagem: antes o fazia sem conhecê-los. Agora, sabia muito bem com quais sentimentos estava lidando.

Reforcei, conforme fiz durante toda a obra, que as mudanças comportamentais são, na maioria das vezes, processuais e somente as conquistam os que possuem disciplina e persistência para se vigiar e praticar os novos comportamentos.

A fórmula da transformação

Após algumas sessões, Romualdo relatou que internamente estava mais fácil praticar a agilidade e ficou muito satisfeito com os resultados. Aliás, não só ele, como a sua esposa e o seu atual chefe.

A considerar mais uma história de limitação decifrada e ressignificada pela metodologia O Código T, faz muito sentido resumir o roteiro de Romualdo, para inspirar você:

1 – Voltar até a consideração encontrada no passo analisar e verificar qual premissa se encaixa;

2 – Fazer, novamente, a leitura de todas as premissas;

3 - Com as premissas em mãos, continuar o processo de ressignificação da situação negativa encontrada no passo analisar:

Pergunta 1- Consegue enxergar algo de bom na relação com esse antigo chefe? Ao executar suas ações, passou a assumir mais cuidados?

Pergunta 2- Você acredita que é o mesmo garoto, sem experiência, sem vivência a ponto de se abalar como se abalava diante de um erro ou uma bronca?

Pergunta 3- Hoje, baseado em tudo o que conquistou até agora, você ainda acredita que é necessário duvidar de sua capacidade?

Pergunta 4- Até quando vai continuar a permitir que o seu passado assombre o presente?

Obs.: As perguntas tiveram por base as premissas 5, 6, 8 e 9.

O CÓDIGO T

> • Continuar cauteloso e criterioso para decidir, mas refletir em tudo o que conversamos durante o atendimento e acionar o seu diálogo interno, repetindo: "vá, aja; eu sou capaz e o garoto inseguro ficou lá atrás". Com esse "diálogo-mantra", poderá agir, mesmo diante da insegurança.
>
> 4 - Praticar arduamente o item 3.

Perceba que cada personagem, inclusive eu, foi conduzido pelos passos do programa O Código T, com as premissas em mãos, a procurar olhar para si, para o passado, de uma forma em que possa abandonar o papel de vítima, assumir o controle do que fica e desapegar-se daquilo que de fato será deixado para trás.

Com as limitações decifradas e ressignificadas, a nós coube contemplar a realidade de forma a colher aprendizados, exercer o perdão (íntimo e alheio) e praticar a gratidão, mesmo àqueles que supostamente nos machucaram, partindo da premissa de que prima pela boa intenção atrás de toda ação.

Este é o rico exercício de transformar, oferecido pela Metodologia O Código T: a oportunidade, a busca por novos significados para combater antigas realidades que, muitas vezes, feriram, magoaram; e, por último, despertaram sentimentos, emoções nocivas e acabaram refletindo em

A fórmula da transformação

comportamentos que nos impediram, ainda que temporariamente, de sermos a melhor versão possível.

Com as decifrações observadas, analisadas e transformadas, fomos viver a melhor existência possível. Chegou o momento de decifrar um excelente caminho a você. Prepare-se, pois guardei o melhor da metodologia para o fim...

A derradeira decifração do Código T

Durante toda essa viagem, esse mergulho nas profundezas de minha história e dos demais personagens que generosamente se apresentaram para exemplificar como a metodologia pode ser utilizada, a fim de obter os melhores resultados em nossas vidas, percebam que em nenhum momento, em nenhum dos casos, O Código T mostrou-se milagroso.

Aliás, como reforcei durante a obra, seu principal objetivo é fazer com que o leitor passe a ter mais consciência de seus atos, desenvolva maior entendimento sobre si, deixe sentimentos nocivos para trás e escolha o que deseja ser daqui para frente, transformado por ressignificações.

Lembre-se de que a mente pode querer te poupar dos sofrimentos, das dores que podem vir junto com esse processo de autoconhecimento; o que me leva a decifrar a última compreensão importantíssima:

O CÓDIGO T

"Qualquer mudança comportamental passa pelo crivo do cérebro. Convença a máquina perfeita que você carrega e ela lhe servirá, pois o papel do cérebro é atender a quem o programa, ou agir sem comando algum, repetindo velhas e padronizadas escolhas que, 'aos olhos' do cérebro, sempre te fizeram feliz."

A fórmula da transformação

Ao adentrar nos portais do programa O Código T, talvez perceba, portanto, que o processo pode ser bem doloroso. Mas, o preço que se paga por não romper esses portais pode ser muito maior; como adoecer, se esconder atrás de algum vício, perder quem ama, perder o emprego ou, ainda pior, substituir a essência de ser pela trivialidade de ter, escolha muito comum em nossa sociedade contemporânea.

Tenhamos a coragem de seguir e lançar luz aos esconderijos da inconsciência, onde reside a nossa íntima escuridão e os nossos quase inconfessáveis fantasmas. Desejo que essa luz, oferecida pela metodologia O Código T, finalmente possa hospedar a paz em nossas porções consciente e inconsciente.

Em alguns casos, mesmo cumprindo todas as etapas sugeridas na metodologia, observando, analisando e tentando transformar o curso de sua história e seus atos, talvez encontre dificuldades para mudar o sentimento. E nesses casos, a ajuda profissional é bem-vinda e pode acelerar o processo de transformação. Vou deixar o meu *e-mail*. Use-o para opinar sobre a metodologia O Código T, para relatar como o livro mexeu

O CÓDIGO T

com as suas percepções e, é claro, para interagir com a idealizadora da metodologia, que espera, de coração e alma, ver muitas vidas transformadas: eu.

alexandrafabri@ocodigot.com.br

Rompi os portais da metodologia O Código T, encarei as etapas observar, analisar e transformar, respondi a cada pergunta, paguei o preço de me desafiar, orientei-me segundo as premissas e, por fim, me transformei, assim como aconteceu com os nossos personagens. Agora, é a sua vez. Se estiver difícil, me procure!

O mais importante é sua decisão de mudar, de ressignificar a própria história. Se essa crucial decisão é forte e verdadeira, o passo a passo desse livro vai transformar também a sua vida. E para finalizar, não pense que O Código T deve ser utilizado só uma vez. Ao contrário, somos seres em construção. É comum eliminar alguns sentimentos e comportamentos limitantes, mas diante de novas etapas e situações, novos sentimentos e comportamentos negativos podem tentar uma vaga em nosso coração, procurando se instalar no lugar da paz conquistada, e atrapalhar os nossos resultados.

Quando isso acontecer, volte aos três passos, faça uma nova viagem, um novo mergulho até a caverna do inconsciente e saiba que, de viagem a viagem, vamos

A fórmula da transformação

nos tornando mais leves, felizes, em paz e, sobretudo, mais preparados para enfrentar os desafios da vida.

Quanto a mim, posso dizer que a prática desses passos já se tornou um hábito. Faço constantes mergulhos em meu ser, para "faxinar" os "meus lixos internos", ou seja, tudo aquilo que me impede de ser e dar o meu melhor a mim e ao mundo.

Posso dizer que ainda não sou exatamente quem almejo em relação à paz e à plenitude que busco. No entanto, cada vez que abro os portais da metodologia O Código T, procuro eliminar algo limitante em mim, e posso afirmar que após muita luta e treino constantes, me pareço, cada dia mais, com essa pessoa que desejo ver no reflexo do espelho, da vida e da alma.

Logo, ninguém é perfeito, mas cada ser humano merece ser a melhor versão que a sua capacidade evolutiva pode gerar e permitir.

Desejo excelentes mergulhos a você e aproveito para agradecer por sua atenção e tempo. Que O Código T decifre a sua felicidade, como tem decifrado a minha!